KB067248

10일
만에
끝내는

무역
실무

김용수 지음

10일
만에
끝내는

무역
실무

DAYS

무역실무,
최고의 베테랑이 되는 법

메이트북스

메이트북스 우리는 책이 독자를 위한 것임을 잊지 않는다.
우리는 독자의 꿈을 사랑하고,
그 꿈이 실현될 수 있는 도구를 세상에 내놓는다.

10일 만에 끝내는 무역실무

초판 1쇄 발행 2016년 1월 18일 | **2판 2쇄 발행** 2022년 8월 16일 | **지은이** 김용수

펴낸곳 (주)원앤원콘텐츠그룹 | **펴낸이** 강현규·정영훈

책임편집 안정연 | **편집** 박은지·남수정 | **디자인** 최정아

마케팅 김형진·차승환 | **경영지원** 최향숙 | **홍보** 이선미·정채훈

등록번호 제301-2006-001호 | **등록일자** 2013년 5월 24일

주소 04607 서울시 중구 다산로 139 랜더스빌딩 5층 | **전화** (02)2234-7117

팩스 (02)2234-1086 | **홈페이지** matebooks.co.kr | **이메일** khg0109@hanmail.net

값 15,000원 | **ISBN** 979-11-6002-109-7 03320

메이트북스는 (주)원앤원콘텐츠그룹의 경제·경영·자기계발·실용 브랜드입니다.
잘못 만들어진 책은 구입하신 서점에서 교환해 드립니다.
이 책을 무단 복사, 복제, 전재하는 것은 저작권법에 저촉됩니다.

이 도서의 국립중앙도서관 출판시도서목록(CIP)은 e-CIP홈페이지(http://www.nl.go.kr/ecip)에서
이용하실 수 있습니다.(CIP제어번호 : CIP2018008749)

몸값은 결코 학벌이나 학위와 비례하지 않는다.
이론을 많이 아는 것이 아니라
실무를 잘 알아야 몸값이 올라간다.

• 세이노 •

후배 무역인들을 위한 이야기

필자가 무역에 몸담은 지도 어느덧 10년이 훌쩍 넘었습니다. 그동안 많은 것이 달라졌지만 무역에 관한 내용은 그렇게 많이 바뀐 것 같지는 않습니다. 대표적인 것이 무역 용어가 아닐까 합니다. 일본식 표현과 영어를 그대로 옮긴 말, 그리고 국적을 알 수 없는 용어들이 여전히 쓰이고 있습니다.

이제 막 무역을 시작하는 사람들이 가장 어렵게 생각하는 것은 사실 무역 그 자체가 아니라 어려운 무역 용어일 것입니다. 필자 역시 무역업에 종사한 기간이 그렇게 짧지 않음에도 무역

용어에 대한 설명을 보면 여전히 고개를 갸웃거리게 됩니다. 그래서 쓰기 시작한 것이 이 책입니다.

'무역'하면 마치 먼 나라 이야기처럼 들리지만 주변을 조금만 둘러보면 무역은 우리 생활과 상당히 밀접하게 연관되어 있음을 알 수 있습니다. 예를 들어 돼지고기 가격이 오르면 정부에서는 수입 돼지고기에 대한 관세를 낮춰서 수입 돼지고기의 수입이 늘도록 합니다. 관세가 떨어지면 그만큼 돼지고기의 판매 가격이 떨어지게 되고, 그렇게 되면 당연히 수입 돼지고기의 판매도 늘어나겠지요.

마찬가지로 다른 나라에서 우리나라 제품에 대한 관세가 낮아지거나 없어지게 되면, 우리나라 제품의 판매 가격은 떨어지고 그만큼 판매의 기회는 늘어납니다. 높은 관세 때문에 해외에서 가격 경쟁력이 떨어졌던 제품도 관세가 낮아지면 가격 경쟁력을 갖출 수 있기 때문입니다. 이럴 경우 국내에서는 경쟁이 치열해 단가 싸움만 하게 되는 제품이라면 해외로 눈을 돌려보는 것도 좋습니다.

이렇듯 무역은 생각보다 우리 가까이에 있지만 가까이 하기에는 너무 멀고, 어렵다는 인식이 강합니다. 그 이유는 앞서 이야기한 대로 알다가도 모를 무역 용어와 이에 대한 미흡한 설명 때문이 아닐까 합니다. 그런데 정작 무역 실무자 중에는 무역 용어가 어려워 무역이 까다롭다고 생각하는 경우는 거의 없습니다. 실무에서는 사실 '어떻게 하면 바이어와 협상을 잘해서 판매를 늘릴 수 있을까?'가 가장 중요하기 때문입니다.

이처럼 실무에서는 큰 고민거리가 되지도 않는 무역 용어를 왜 무역 입문자들은 힘들어할까요? 그것은 아마도 낯선 용어와 어려운 설명 때문일 것입니다.

이에 저는 좀더 이해하기 쉽게 무역에 대해 설명해보겠다는 호기로 글을 쓰기 시작했고, 머릿속에서 마구 뛰어다니던 다양한 무역 용어와 개념들을 오랜 시간에 걸쳐 이해하기 쉽게 정리했습니다. 그동안 쌓아온 실무 경험들을 바탕으로 이 책을 통해 미래의 후배 무역인들에게 해주고 싶은 이야기들을 전달해보려 합니다.

무역의 어려운 점 중 하나는 어떻게 다른 나라 바이어들에게 우리나라 제품에 대한 믿음을 주느냐 하는 것입니다. 바이어가 제품을 판매하는 나라에 대해 잘 모르면 그만큼 제품에 대한 믿음은 떨어지기 마련입니다. 하지만 지금까지 여러분의 무역 선배나 많은 기관들이 해외에 알린 우리나라의 이미지는 여러분이 생각하는 것 그 이상입니다. 여기에 한류 열풍도 빼놓을 수 없습니다. 한류 열풍 덕분에 가까운 동남아는 물론 머나먼 중남미 지역까지 한국 제품에 대한 무한한 신뢰가 형성되고 있기 때문입니다.

  아무쪼록 여러분들이 세계로 뻗어나가는 데 이 책이 작은 도움이 되었으면 하는 바람입니다. 전에 비슷한 책을 썼던 적이 있어 이번에는 막힘없이 한 번에 쓸 줄 알았는데, 이전과 비슷한 내용의 책을 쓴다면 책을 다시 쓸 필요가 없지 않나 하는 생각에 새로운 내용으로 쓰다 보니 시간이 꽤 걸려 여러 사람을 피곤하게 했습니다. 이런 점에서 메이트북스에 더욱 감사한 마음을 전합니다.
  한창 밖에 나가서 여름이며 가을이며 제대로 계절을 느껴야 하는 시기에 골방에 갇혀서 무슨 작업을 그리 하는지 궁금해하며 내내 기다렸을 사랑하는 아들 성현이와 딸 지우에게 미안한 마음과 사랑하는 마음을 전하고 싶습니다. 그리고 어머니께도

감사드립니다. 마지막으로 언제나 든든한 파트너이자 동반자로서 세상 사는 즐거움을 알게 해준 아내 순희에게 사랑하고 고맙다는 말을 하고 싶습니다.

김용수

무역은 사고파는 과정일 뿐,
절대 어렵지 않다!

　유독 무역 용어는 과연 우리말이 맞나 싶을 정도로 알 수 없는 말들의 잔치같습니다. 뜻이라도 찾아볼라 치면 더욱더 헤어나오기 힘든 미로 속으로 들어가고 있는 듯합니다.

　처음 무역을 시작했을 때 필자 역시 무작정 머릿속에 쑤셔 넣으며 외웠던 무역 용어이기에 여러분께 친절하게 설명하자니 많은 어려움이 있었습니다. "그냥 외우세요." "B/L은 선하증권이에요." "처음에는 어렵지만 계속 읽다 보면 알게 돼요." 이런 식으로 끝을 맺고 싶은 충동이 있었습니다. 그럼에도 무역 용어를 설명하는 데 이 책의 많은 부분을 할애한 이유는 기존의 설명들을 그대로 가져와 쓸 거면 굳이 시간을 들여서 책을 쓸 필요가 있을까 하는 생각 때문이었습니다.

무역은 단순히 외우기만 하는 것이 아니다

무역은 이해하면서 개념을 익히는 것입니다. 시험을 치르기 위해 벼락치기 식으로 외우다 보면 금세 잊혀져 정작 필요할 때 생각나지 않고, 책 속의 이론과 조금만 다른 상황이 닥치면 당황하기 십상입니다. 여러 번 강조하겠지만 무역을 나름 재미있게 하기 위해서는 용어의 개념과 제품의 수출입 과정에 대한 이해가 선행되어야 합니다.

예를 들어 유가증권에서 유가有價는 '값어치〔價〕가 있다〔有〕'라는 뜻으로 값어치가 있기 때문에 팔 수 있다는 뜻입니다. 즉 팔 수 있는 증권이 유가증권이며, B/L을 유가증권이라 했으니 B/L도 사고팔 수 있다는 뜻입니다. 여기서 B/L을 판다는 의미는 배에 실린 화물을 판다는 것으로까지 확대해서 이해할 수 있습니다.

B/L은 화물을 배에 실으면 화물이 잘 실렸음을 증명하는 증명서로 선박회사에서 발행해 수출자에게 넘겨주는 증권, 즉 증명서입니다. 우리가 택배로 화물을 보낼 때 택배회사에서 송장을 주는 것과 같은 이치입니다. 여러분이 'B/L은 선하증권'이라는 식으로 B/L에 대한 이해를 끝내면 안 되는 이유입니다. 이에 대해 더 자세한 내용은 5일차 '운송의 꽃, 국제운송이란 무엇인가?'를 참조하시기 바랍니다.

자신만의 방식으로 무역을 공부해보자

이 책은 껌을 씹는 것처럼 읽고 또 읽기보다는 먼저 대략적인 내용을 파악한 다음, 자신이 필요한 부분을 찾아 효율적으로 읽기를 권합니다. 그래서 필자는 제품이 수출되고 수입되는 과정인 수출입 과정에 따라 이 책을 구성했습니다. 수출입 과정은 '발주→국내운송→수출통관→국제운송→도착→수입통관→국내운송→화물인수'로 이루어지니, 실제 업무중 필요한 부분이 있다면 그 부분을 찾아서 읽으면 되는 것입니다.

더 나아가 이 책을 읽는 것에서 그치지 말고 자신만의 방법으로 읽은 내용을 한번 정리해보는 것도 좋을 듯합니다. 처음부터 너무 세밀하게 정리하기보다는 굵직한 상황을 먼저 그리고, 이후 세밀하게 정리하는 것이 좋습니다. 예를 들어 무역은 판매와 구매, 즉 수출과 수입으로 이루어집니다. 이는 '수출→수입'으로 정리할 수 있습니다. 수출을 해 수입한다는 말은 제품을 해외로 보낸다는 의미로, 즉 운송을 한다는 것입니다. 이를 보다 자세히 정리하면 '수출→운송→수입'이 됩니다. 여기서 조금 더 세밀하게 들어가봅시다. 사람들이 해외로 나갈 때 보통 공항에서 출국심사를 받고 해외에 도착해 다시 공항에서 입국심사를 받습니다. 이는 물건도 마찬가지인데, 이 과정을 통관이라고 합니다. 그러니 무역을 정리한 도식에 통관을 추가하면, '수출→수출통관→운송→수입통관→수입'이 됩니다.

이런 식으로 개념을 정리하다 보면 어느새 전체적인 과정이 머릿속에 들어오게 되고, 그 세부과정에 대해 자신만의 도표를 그려볼 수 있습니다. 이렇게 정리해 업무에 임하다 보면 자판기 버튼을 누르면 음료수가 나오듯이 매 진행 과정마다 몸이 먼저 반응하는 것을 느끼게 될 것입니다.

아무쪼록 여러분들이 이 책을 통해 무역에 대한 개념을 잡아 능력 있는 무역인이 되는 데 보탬이 되었으면 합니다. 참고로 책을 읽다 궁금한 사항이 있다면 네이버 카페 '친철한 무역실무'에 방문해 질문을 올려주셔도 됩니다. 우리식 말투로 나름대로 잘 설명해드리겠습니다.

준비운동은 본격적으로 몸을 움직이기 전 굳어 있던 근육을 풀어주는 것으로, 몸 상태를 최대로 끌어올려 보다 유연하게 움직일 수 있도록 도와준다. 1일차는 우리의 무역 두뇌가 최대로 발휘되기 위한 준비운동이다. 가볍게 읽어보도록 하자.

무리하지 말고 가볍게
무역을 알아보자

판매와 수출,
그리고 구매와 수입

무역의 뜻만 알아도 무역 공부의 반은 끝

무역 공부는 크게 용어와 프로세스(진행 과정), 이렇게 2가지로 나눌 수 있다. 용어란 어떤 분야에서만 쓰이는 특수한 말로, 무역 용어는 말 그대로 무역업에서 쓰이는 단어들을 이르는 말이다. 무역 용어는 ETDEstimated Time of Departure; 출발예정시간, 신용장, C/OCertificate of Origin; 원산지증명서 등 뜻을 모르는 단어들의 연속이지만, 이들은 모두 무역하는 가운데 필요에 의해 생겨난 말이다.

그렇다면 이렇게 다양한 용어들이 나오고, 지금 책을 들고 공부까지 하려는 무역은 과연 무엇일까? 국어사전에서 무역을 찾아보면 2가지 뜻이 나오는데, 첫 번째는 '지방과 지방 사이에 서로 물건을 사고팔거나 교환하는 일'이다. 이를 국내거래 혹은 상거래라고 한다. 두 번째는 '나라와 나라 사이에 서로 물품을 매매하는 일'이다. 영어로는 트레이드Trade라고 한다. 이 두 번째 뜻이 현재 우리가 알고 있는 무역의 뜻으로 쓰인다. 나라와 나라 사이라는 말만 보면 뭔가 거창한 것 같지만 서로 물품을 사고판다는 기본 개념은 동일하다. 무언가를 사고파는 일은 편의점에서 물건을 사고 현금이나 카드로 결제를 하는 것처럼 익숙한 일이다.

일반적으로 해외에 물건을 파는 것을 수출, 해외의 물건을 사는 것을 수입이라고 한다. 즉 내가 해외의 물건을 사면 수입이고, 다른 나라에 물건을 팔면 수출이 된다. 이 수입과 수출을 무역이라고 한다. 무역에서 수입은 가구점에서 가구를 사는 것과 크게 다르지 않다. 마음에 드는 가구가 있으면 가구상에게 배송을 요청하거나 운송회사를 통해 물건을 집까지 배송받으면 된다. 그리고 카드나 송금 등으로 결제를 한다. 마찬가지로 해외에 원하는 물건이 있다면 해외의 판매상, 즉 수출상에게 우리나라까지 배송을 요청하면 된다. 만약 배송이 가능한 운송회사가 있다면 우리나라까지 배송을 요청할 수 있다.

만약 자신이 물건을 파는 수출상이라면 수입자와 반대로 물

: 가구 구매 과정 :

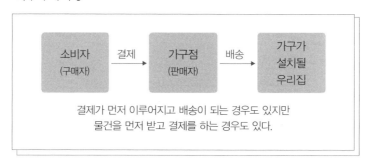

소비자 (구매자) — 결제 → 가구점 (판매자) — 배송 → 가구가 설치될 우리집

결제가 먼저 이루어지고 배송이 되는 경우도 있지만
물건을 먼저 받고 결제를 하는 경우도 있다.

: 해외 구매 과정 :

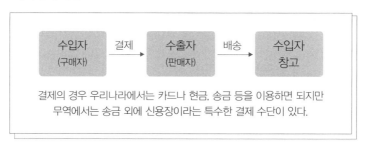

수입자 (구매자) — 결제 → 수출자 (판매자) — 배송 → 수입자 창고

결제의 경우 우리나라에서는 카드나 현금, 송금 등을 이용하면 되지만
무역에서는 송금 외에 신용장이라는 특수한 결제 수단이 있다.

건을 보내고 결제를 받거나, 결제를 먼저 받고 물건을 보내면 된다. 그리고 배송은 해외운송을 전담하는 운송회사에게 맡기면 된다. 물론 물건을 수입할 때도 운송회사에게 수입 운송을 맡길 수 있다.

무역, 전화로 피자를 주문하는 것만큼 쉽다

무역은 생각만큼 어렵지 않다. 수입과 수출을 무역이라고 했는데 이는 피자를 주문하는 과정과 유사하다. 다음을 살펴보자.

- **피자 구매 혹은 수입**: 피자를 주문하려면 전화를 걸고 원하는 피자를 선택한 다음, 카드나 현금으로 결제하면 된다. 해외제품을 수입(구매)하려면 판매자인 수출자에게 이메일 등으로 원하는 제품을 선택한 다음, 물건을 받기 전후에 결제하면 된다.
- **피자 판매 혹은 수출**: 피자를 판매하려면 판매할 피자를 광고한다. 주문이 들어오면 해당 주소로 배달원이 피자를 배달한다. 해외에 제품을 수출(판매)하려면 해외에 다양한 방법으로 제품을 광고해야 한다. 그렇게 해서 주문을 받으면 수입자가 원하는 해외의 주소로 제품을 보낸다. 운송은 수출 운송회사에 맡기면 된다.

제품의 수출(판매)에서 수입(구매)까지의 과정을 간단히 압축한 측면이 있지만, 크게 보면 위의 과정에서 크게 벗어나지는 않는다. 이제부터 좀더 자세히 수출입 프로세스를 알아보자.

다양한 사례를 통해 알아보는 수출입 프로세스

앞에서 피자 이야기를 했는데, 피자 주문에서 판매까지의 과정은 대개 '피자 주문→배송→시식'이다. 결제는 피자를 받기 전이나 후에 카드나 현금으로 한다.

이번에는 피자가 아닌 해산물의 경우를 살펴보자. 통영의 해산물 판매자가 서울의 해산물 구매자에게 해산물을 판매한다. 이때 해산물의 주문·판매 과정은 '해산물 주문 → 배송 → 시식'이고, 해산물을 받기 전이나 후에 카드나 현금으로 결제한다.

해산물은 시간이 생명이므로 서울까지의 운송은 고속버스 등으로 당일 배송하도록 한다. 고속버스라고 하면 흔히 사람만 타는 교통수단이라고 생각하는데, 고속버스 짐칸에 화물을 실어서 보내기도 한다. 물론 고속버스로 운송하게 되면 운송료를 지불해야 한다. 만약 해산물을 육지인 통영이 아니라 바다 건너 제주도에서 서울까지 운송한다면 고속버스 대신 비행기로 김포공항까지 배송한 후 다시 트럭 등을 이용해 구매자에게 배송될 것이다.

이제 수출 후 수입되는 과정에 대해 설명하겠다. 음식은 어느 나라나 규제가 많으므로 음식 대신 자전거로 예를 들어보자. 한국에 있는 금자 씨가 미국의 아놀드 씨에게 자전거를 판매하려고 한다. 이때의 수출입 과정은 다음과 같다.

> 주문 ⋯ 항구(혹은 공항)까지 트럭 등으로 화물 배송 ⋯ 배 또는 비행기에 화물 선적 ⋯ 배송(운송) 및 도착 ⋯ 항구(혹은 공항)에서 트럭 등으로 화물 배송 ⋯ 자전거 인수하기

우리나라는 영토의 반이 섬이고 반은 육지인 반도半島국가다. 북쪽은 막혀 있기 때문에 바다를 통해 수출이나 수입을 할 수밖에 없어 운송수단은 배 또는 비행기다. 그렇기 때문에 자전거를 해외로 판매하기 위해 배 또는 비행기에 자전거를 싣기 위해서는 항구나 공항까지 물건을 보내야 한다.

수출입 과정의 필수사항, 통관검사

외국에 나가거나 우리나라에 들어올 때 반드시 필요한 것은 여권과 비자, 비행기표(배를 타면 여객표)다. 그리고 비행기(혹은 배)를 타기 전, 비행기나 배에서 내린 후 반드시 거치는 것이 출입국 심사다. 사람의 경우에는 '출입국 심사'라고 하지만 물건의 경우에는 '통관검사' 혹은 '통관'이라고 한다.

- 출입국 심사: 어떤 사람이 다른 나라에 가는 이유와 우리나라에 들어오는 이유를 확인하는 절차
- 통관검사(수출입검사): 불법적이거나 여러 가지 이유로 수출입이 금지된 물품이 있는데, 지금 수출입되는 제품이 그런 제품이 아닌지 검사하는 것

이제 통관검사를 배웠으니 앞서 자전거를 주문·인수하는 과정에 통관검사라는 한 가지 절차를 더 추가하면 된다. 제품이 수

출되고 수입되는 과정(수출입 과정)은 이 책의 가장 핵심적인 부분이며, 이 책의 2일차부터 나오는 모든 내용은 수출입 프로세스에 나오는 매 과정을 어떻게 할지에 대한 액션플랜이다. 대부분의 제품 수출입 과정은 앞에서 설명한 내용을 벗어나지 않으므로 이 과정만 잘 숙지하면 수출이나 수입은 그렇게 어렵지 않을 것이다.

작은 머리핀부터 자동차, 컴퓨터, 생활용품, 음식, 냉장고 등 우리에게 매우 익숙한 많은 물품들이 수출입 과정을 거쳐서 판매(수출)되고 구매(수입)되고 있다. 그러니 무역을 너무 먼 이야기처럼 어렵게 여기지 말고 가까운 우리 주변의 이야기처럼 친숙하게 다가가보자.

▌무역은 소통의 과정, 용어를 파악하자

어느 분야든지 그들만의 용어가 있다. 회계에는 회계 용어가 있고, 수학에는 공식이 있으며, 컴퓨터 프로그램에는 코드가 있고, 심지어 세대에 따라서도 그들만의 언어가 있다. 그리고 무역에도 무역 용어가 따로 존재한다.

무역 용어, 그들만의 리그에 들어가다

무역 용어는 멋있어 보이라고 혹은 남을 골탕 먹이려고 나온 것이 아니다. 무역에 종사하는 사람들이 일을 할 때 좀더 간단하게 용어를 표현하기 위해서 나온 말이다. 여기에는 B/L 등이 대표적인데, Bill of Lading을 간단히 표현하기 위해서 B/L이라고 한다.

무역에 종사하는 사람들끼리 소통할 때 쓰는 무역 용어는 영어다. 그런데 그 영어가 우리나라로 들어올 때는 영어를 그대로 쓰는 경우도 있지만 일본식 번역투 또는 국적 불명의 언어로 사용되기도 한다. L/C, 써티, 노미 등이 그렇다. 이렇듯 무역 용어는 간단히 표현되는 경우가 많아 무역을 처음 접하는 사람들은 무역 용어를 복잡하고 무슨 말인지 알 수 없는 영역이라고 생각하게 된다.

- L/C : Letter of Credit의 약자로 우리말로는 신용장이라고 한다. 은행이 수입자를 보증하는 것으로 수출자는 은행의 보증을 믿고 물건을 먼저 수입자에게 보내고 결제는 나중에 받는다(결제에 대한 것은 8일차 '수출의 완성은 결제다'에서 자세히 설명하겠다).

- 써티 : CERTIFICATE증명서에서 CERTI써티만 발음하는 것으로 아마도 일본에서 넘어오면서 뒷부분이 생략된 듯하다. 보통 써티라고 하면 C/O를 의미하기도 하는데, C/O는 Certificate of

Origin의 약자로 우리말로는 원산지증명서를 의미한다.

- 노미 : NOMINATION지명에서 NOMI노미만을 발음한 것으로 해외까지 화물을 운송하는 운송사를 누가 노미하는가, 즉 정하는가와 관련된 표현이다. 예를 들어 해외까지 운송하는 운송사를 수출자가 정했을 때, 보내는 사람인 쉬퍼SHIPPER가 '노미했다'라는 표현을 쓴다.

이러한 용어는 수출입 과정을 통해서 무역하는 사람들이 주로 사용한다. 그러므로 어려운 무역 용어를 익히는 가장 좋은 방법은 수출입 프로세스와 함께 용어를 익히는 것이다. 예를 들어 B/L은 선하증권으로 Bill of Lading의 줄임말이다. 우리가 물건을 살 때 돈을 받은 상대방이 발행하는 증명서를 영수증, 물건을 잘 받았다고 하면서 물건을 인수한 쪽이 발행하는 것을 인수증이라고 부르듯, 배에 물건이 잘 실렸다고 하면서 배 운송회사에서 발행하는 증권을 선하증권이라고 한다. 단순히 용어의 정의만 암기하기보다는 이처럼 어떤 맥락에서 용어가 나왔는지 함께 이해하면 용어를 익히기가 더욱 쉬워진다.

무역은 서류로 시작해 서류로 끝난다

무역을 하다 보면 실제로 하는 일은 서류를 받아서 확인하거나 자신이 만든 서류를 상대방에게 보내는 과정의 연속이다. 그래서 무역은 서류로 시작해서 서류로 끝난다고 말할 수 있다. 이러한 서류들은 모두 증빙을 위한 것인데, 무역에서는 증빙, 즉 사실을 증명할 근거로 서류를 든다. 어떻게 보면 이 증빙 서류들을 잘 받고 잘 이해하고 잘 쓰고 잘 주는 과정을 무역이라고 할 수도 있다. 앞에서 배운 수출입 과정을 통해 어떠한 서류들이 사실을 증명하기 위해 등장하는지 알아보자.

- **발주**: 구매자 혹은 수입자가 물건을 주문할 때 작성하는 서류가 발주서(혹은 주문서)이며, 영어로는 PURCHASE ORDER다. 참고로 판매자 혹은 수출자가 물건의 가격과 납기에 대한 내용을 작성해서 수입자에게 알려주는 서류는 견적서이며, 영어로는 QUOTATION SHEET(줄여서 QUOTATION)라고 한다.
- **국내운송**: 국내운송시 화물을 인수해간 운송업체에게 받는 서류가 인수증이다. 항구나 공항까지의 운송료에 대한 견적서를 받기도 한다.
- **수출통관**: 통관은 수출되고 수입되는 제품에 대해 국가에서 실시하는 제품검사다. 여기서는 수출통관을 말하며, 수출통관시 필요한 대표적인 서류에는 인보이스와 패킹리스트가 있다. 세관에서 받는 서류로 수출신고필증도 있다. 수출신고필증에서 '필畢'은 끝냈다는 의미이고, '증證'은 증명서

를 의미하므로, 수출신고필증은 '수출신고를 마쳤음을 증명하는 서류'라는 뜻이다. 수출신고를 끝내면 배 또는 비행기에 화물을 실으면 된다.

- **국제운송**: 국제운송시 발행되는 서류에는 B/L, AIRWAY BILL 아니면 WAYBILL이 있다. 화물을 어떤 운송수단에 싣느냐에 따라 발행되는 증명서의 이름이 다르다. B/L은 배에 실었을 때, AIRWAYBILL은 비행기에 실었을 때, 그리고 WAYBILL은 DHL과 같은 운송업체가 화물을 인수했다는 증명서다.

- **도착**: 화물이 도착할 때쯤 A/N이라는 것을 받는데 ARRIVAL NOTICE의 약자로 도착 통지서라는 뜻이다. 화물이 언제 선적되었고, 언제쯤이면 도착지 항구에 도착할지에 대한 통지서다. 보통 이메일 등을 통해서 받는다.

- **수입통관**: 인보이스, 패킹리스트, B/L 혹은 AIRWAYBILL 이 필요하다. 수출통관의 경우 B/L 등이 필요 없지만 수입 시에는 인보이스, 패킹리스트, B/L 등이 필요하다.

- **국내운송**: 특별히 필요한 서류는 없다.

앞으로 우리가 배우고 접하게 될 많은 과정들이 알고 보면 매 과정마다 서류를 받아서 검토하는 과정의 연속이라는 것을 알 수 있다. 즉 무역은 서류로 소통하는 일인 셈이다.

무역을 몰라도 무역할 수 있다, 이용하라

처음 무역을 접하면 당연히 모든 것이 낯설고 어색하다. 이 낯섦을 제대로 돌파한다면 세계 속의 무역인이 될 수 있지만, 잘 모른다고 해도 그렇게 곤란한 것만은 아니다. 무역을 실제로 해보면 무역실무자가 하는 일은 그렇게 많지 않다. 다음의 수출입 과정을 살펴보자.

발주 ┄▶ 국내운송 ┄▶ 수출통관 ┄▶ 국제운송 ┄▶ 도착 ┄▶ 수입
통관 ┄▶ 국내운송 ┄▶ 인수

발주 단계에서 주문을 받으면 제품을 준비해야 하는데, 자체적으로 생산하는 제품이라면 생산부에 주문이 온 것을 알려서 생산 및 포장을 요청하면 된다. 제품 준비가 다 되면 수출을 위해 항구나 공항까지 제품을 운송해야 한다. 무역실무자가 항구나 공항까지 화물을 직접 배송하지는 않고, 운송업체를 이용한다. 또한 통관의 경우 통관을 전문으로 하는 관세사를 이용하고, 국제운송은 국제운송 전문업체를 통해서 한다. 수입을 할 때도 수입통관과 국내운송을 무역실무자가 직접 하기보다는 다른 사람들

에게 대행한다. 이처럼 관련 업체나 전문가들을 잘 활용하면 무역도 그리 어렵지만은 않다.

무역실무자는 오케스트라의 지휘자와 같다

무역실무자는 오케스트라로 치면 지휘자와 같다. 오케스트라의 지휘자는 악기를 직접 연주하지는 않는다. 대신 각 악기의 특성을 이해하고, 필요에 따라 악기의 강약과 세기 등을 조절한다. 최고의 음악을 선사하기 위해 오케스트라 전체를 이끄는 역할을 하는 것이다. 그렇기 때문에 지휘자가 오케스트라 악기의 특성을 이해하지 못하면 오케스트라의 연주는 제대로 이루어지기가 어렵다. 오케스트라가 최고의 음악을 연주할 수 있도록 지휘자가 각 악기의 특성을 파악해 자신이 원하는 방향으로 연주자를 이끌듯이, 무역실무자는 수출입 과정 내내 문제가 없도록 전체적인 과정을 조율하고 지휘한다.

물론 운송은 운송회사에, 통관은 관세사에게 맡기면 대개는 일이 수월하게 진행된다. 하지만 사람이 하는 일이기에 실수가 발생할 수 있고, 그 실수가 막대한 손해를 끼칠 수도 있다. 그런데 실수가 발생했음에도 일을 진행하는 사람이 이러한 사실을 인지하지 못한다면 배가 산으로 가는 결과가 나올 수 있다. 이 책을 통해 실수를 바로잡을 수 있는 눈과 문제가 생겼을 때 현명하게 해결할 수 있는 능력을 길렀으면 한다.

낯설기만 한 무역실무지만 자세히 살펴보면 이미 우리에게 익숙한 것들을 어렵게 풀어내고 있음을 알 수 있다. 2일차에서는 무역실무와 좀더 친숙해질 수 있도록 본격적으로 수출입 과정을 살펴본다. 수출입 과정이란 제품이 수출되어 수입되는 과정을 말한다. 수출입 과정의 첫 단계라 할 수 있는 '발주'에 대해 알아보자

> **수출입 과정: 발주** → 국내운송 → 수출통관 → 국제운송 → 수입지 항구(혹은 공항)에 도착 → 수입통관 → 국내운송 및 화물 인수

어떻게 제품 구매(또는 제품 판매)를 시작할 것인가?

발주 혹은 주문인수

물건을 사고자 한다면
발주서를 작성해보자

발주서의 기본 요소

아이스크림 3개, 손톱깎이 1개, USB 메모리 2개 등과 같이 수량이 많지 않고 가격이 비싸지 않으며 상점에 직접 가서 사는 경우, 대개 물건을 보고 바로 구매한다.

반면 어떤 물건 몇 개를 사겠다는 주문을 말이 아닌 문서로 작성하기도 하는데, 이때 작성하는 문서를 발주서PURCHASE ORDER 또는 주문서라고 한다. 발주는 주문을 한다는 뜻이다. 주문을 국어사전에서 찾아보면 '어떤 상품을 만들거나 파는 사람에게 그

상품의 생산이나 수송, 또는 서비스의 제공을 요구하거나 청구
함'이라고 나온다. 말 그대로 '해달라는 것'이다. 즉 어떤 사람이
발주서를 작성한다는 것은 자기가 원하는 내용대로 해달라는 요
청을 문서로 작성하는 것이다.

기본적으로 발주서에는 다음과 같은 내용이 들어간다.

- **발주자(주문자)**: 발주서에 발주자가 쓰여 있지 않으면 이것처럼
  판매자를 곤란하게 하는 것은 없다. 예) 성우통상
- **수신자(판매자)**: 누구에게 살 것인지에 대해 명확히 하는 것이 좋
  다. 예) 창녕엔지니어링
- **구매제품과 수량**: 구매하고자 하는 제품이 무엇이며 수량은 몇
  개가 필요한지는 발주서의 핵심이다.
- **납기**: 언제까지 물건이 필요하니 이에 맞춰서 보내달라는 것이
  다. 보통 명확한 날짜를 적거나 '발주 후 며칠 이내'라고 적기
  도 한다.
- **발주일자(주문일자)**: 언제 발주했는지 날짜를 적는 일은 발주서
  의 기본이다.
- **문서번호(발주번호)**: 나중에 판매자와 발주한 물건에 대해 이야기
  할 때 필요하다. 예) 창녕엔지니어링에서 냉장고를 몇 번 구매했
  는데 그 중 하나에 문제가 생겼다. 그래서 창녕엔지니어링에 전화
  해 문서번호 발150524로 발주한 제품에 대해 협의했다.

발 주 서

문서번호 : 발150524

발주일자 : 2015년 11월 10일

발 신 : 성우통상	수 신 : 창녕엔지니어링
서울시 구로구 구로동	경남 창녕군
T E L : 02-000-0000	T E L : 055-000-0000
F A X : 02-000-0001	F A X : 055-000-0001

No.	제품	수량	단가	금액
	냉장고 CK220	20		

납 기 : 2015년 12월 10일

합계(VAT 별도) :

발주서를 작성해보자

앞에서 배운 기본 요소들을 토대로 발주서를 작성해보면 다음과 같다.

- 문서번호: 발150524
- 발주일자: 2015년 11월 10일
- 발주자: 성우통상 / 서울시 구로구 구로동
- 수신자: 창녕엔지니어링 / 경남 창녕군
- 구매제품과 수량: 모델번호 CK220 냉장고를 총 20대 발주한다.
- 납기: 2015년 12월 10일

이렇게 국내에서 제품을 구매하거나 제품 구매를 위한 발주서 작성방법에 대해 알아보았다. 이제 해외 제품을 구매하거나 제품 구매를 위한 발주서 작성은 어떻게 해야 하는지 알아보자.

PURCHASE ORDER를 작성해보자

해외의 업체에게 제품 구매 의사를 문서로 전달할 때 작성하는 것이 PURCHASE ORDER다. PURCHASE ORDER의 작성방법은 영어와 같은 외국어로 작성된다는 것 외에는 앞서 살펴본 발주서(주문서)와 거의 동일하다.

'PURCHASE ORDER 작성방법'을 봤을 때 발주서와

: PURCHASE ORDER 작성방법 :

발주서	PURCHASE ORDER
문서번호: 발150524	NO.: P150524
발주일자: 2015년 11월 10일	DATE: NOV. 10, 2015
발신: 성우통상	FROM: GU ENG
서울시 구로구 구로동	CALIFORNIA, USA
전화: 02-000-0000	PHONE: +1-734-000-0000
팩스: 02-000-0001	FAX: +1-734-000-0001
수신: 창녕엔지니어링	TO: SUNGWOO TRADING
경남 창녕군	GURO-DONG, GURO-GU, SEOUL, KOREA
전화: 055-000-0000	PHONE: +82-2-000-0000
팩스: 055-000-0001	FAX: +82-2-000-0001
납기: 2015년 12월 10일	SHIPPED ON DEC. 10, 2015
제품: 냉장고	ITEM: REFRIGERATOR(CK220)
수량: 20대	QUANTITY: 20

PURCHASE ORDER 간의 차이는 발주서의 납기와 PURCHASE ORDER의 'SHIPPED ON DEC 10, 2015'라는 부분이다.

납기는 보통 구매자가 제품을 받는 날짜를 말하는데, 무역에서는 구매자, 즉 수입자가 수입지에서 제품을 받는 날짜 대신 물건이 선적되는 날짜로 대신한다. 국내에서 운송되는 상품의 배송일자는 예상 날짜와 크게 차이 나지 않지만 무역에서는 운송 외에 통관 등 다양한 과정을 거친 뒤에야 수입자가 인수하게 되므로 실제로 받는 날짜를 정하기가 어렵다. 하지만 선적일자는

: PURCHASE ORDER 작성 예시 :

PURCHASE ORDER

NO.　：　P150524

DATE　：　NOV. 10, 2015

FROM　：　GU ENG　　　　　　　TO　：　SUNGWOO TRADING
　　　　　CALIFORNIA, USA　　　　　　　　GURO-DONG, GURO-GU,
　　　　　　　　　　　　　　　　　　　　SEOUL, KOREA

T E L　：　+1-734-000-0000　　　T E L　：　+82-2-000-0000

F A X　：　+1-734-000-0001　　　F A X　：　+82-2-000-0001

No.	ITEM	QUANTITY	UNIT PRICE	AMOUNT
	REFRIGERATOR CK220	20		

DELIVERY : SHIPPED ON DEC. 10, 2015

TOTAL		USD10,000.00

변동되는 경우가 거의 없으므로 납기를 선적일자로 대신하기도 한다. 만약 선박의 사정으로 선적일자가 변동될 경우, 수출자는 수입자에게 이러한 상황을 통지하고 서로 협의하도록 한다.

이제 실제로 PURCHASE ORDER를 작성해보도록 하자. 제품 주문을 위한 PURCHASE ORDER의 작성 과정 및 내용은 'PURCHASE ORDER 작성 예시'를 참고하면 된다. 이렇게 작성된 PURCHASE ORDER를 이메일이나 팩스로 수출자(여기서는 성우통상SUNGWOO TRADING)에게 보낸다. 그다음 수출자에게 프로포마 인보이스PROFORMA INVOICE를 요청한다. 그런데 수출자에게 요청해야 하는 이 프로포마 인보이스란 무엇일까? 지금부터 프로포마 인보이스는 무엇이며, 왜 작성하고 어떤 의미가 있는지 확인해보도록 하겠다.

프로포마 인보이스로
납기 확인을 한다

해외에서 냉장고 구매에 대한 PURCHASE ORDER를 받은 SUNGWOO TRADING은 이제 무엇을 해야 할까? 당연히 PURCHASE ORDER를 읽고 다음의 내용을 확인해야 한다.

- 누가 누구에게 보냈는가? (미국의 GU ENG가 한국의 SUNGWOO TRADING에게 보냄)

- 발주한 제품은 무엇이고 수량은 얼마인가? (냉장고 20대)

- 납기일은 언제인가? (2015년 12월 10일)

    수출자인 성우통상은 PURCHASE ORDER의 여러 가지 사항을 꼼꼼히 확인한 뒤 수입자인 GU ENG가 발주한 제품 생산이 가능한지, 납기일은 맞출 수 있는지, 제품값은 얼마인지, 결제계좌 등의 기타 사항을 정리해 서류를 작성한다. 작성된 서류를 수입자에게 보내는데, 이 서류가 바로 프로포마 인보이스다.

프로포마 인보이스란 무엇인가?

    프로포마PROFORMA는 어림잡아 계산한다는 뜻으로 '납기와 가격은 대략 이 정도 될 것 같습니다.'라며 보내는 서류를 말한다. 프로포마 인보이스는 생산이나 제품 준비 전에 작성한 것으로 확정된 것이 아니기 때문에 언제든지 변경 가능성이 있는데, 상대 업체에게 발주한 내용이 맞는지 확인할 필요도 있고 제품가격과 납기에 대한 대략적인 추정도 필요하므로, 그런 차원에서 프로포마 인보이스를 작성해서 보내는 것이다. 그런 이유로 프로포마 인보이스를 견적송장이라고도 한다.

    국내의 경우라면 판매자에게 발주서를 보내고 잘 받았는지 구매자가 전화 등을 통해 확인한다. 납기가 원하는 대로 안 되거나 기타 수정사항이 발생하면 발주서를 수정해 다시 보내기도 한다.

무역에서는 발주서를 다시 보내기보다는 프로포마 인보이스를 수출자 쪽에서 작성한 후 수입자에게 보내서 상대방의 사인을 받는다. 프로포마 인보이스는 발주를 받은 수출자가 '제가 받은 발주 내역이 이게 맞지요?' 하고 문서로 다시 물어보는 절차로, 이때 발주한 대로 하기 어려운 부분에 대해서는 미리 전화나 이메일로 협의한 후 그 내용을 프로포마 인보이스에 기재한다.

다음은 이해를 돕기 위해 제시한 사례이니 참고하기 바란다.

> 선적이 12월 10일까지인데, 현재 생산 상황상 납기일을 맞추기가 힘들어 GU ENG의 수입담당자 톰과 협의해 선적일자를 12월 20일(SHIPPED ON DEC. 20, 2015)로 정했고 이를 프로포마 인보이스에 기재했다. 늘 그렇듯 프로포마 인보이스에 결제계좌를 기재했다. 이번이 확정 발주인지 아닌지 확인하기 위해 프로포마 인보이스를 작성했고, 우리 쪽(SUNGWOO TRADING) 사인을 기재한 후 이메일로 보냈다. 그러자 GU ENG 쪽에서도 사인을 해 이메일로 다시 보내주었다. 제품가격을 깎아달라는 요청이 있었지만 원부자재 가격 상승으로 인해 도저히 할인을 해줄 수가 없어서 양해를 구하고 프로포마 인보이스에 기존 가격을 기재해 GU ENG에 보냈다.

: 프로포마 인보이스 작성 예시 :

PROFORMA INVOICE(제목)

SHIPPER(보내는 쪽 이름과 연락처 기재) SUNGWOO TRADING GURO-DONG, GURO-GU, SEOUL, KOREA TEL: +82 2 000 0000 FAX: +82 2 000 0001	NO. & DATE OF INVOICE (프로포마 인보이스 작성일자 및 번호 기재) SW-01　　　　　　　NOV 11, 2015
	ORDER NO. & DATE (PI번호, 작성자가 관리하는 번호 및 작성일자 기재) PI150524　　　　　　　NOV. 10, 2015

FOR ACCOUNT & RISK OF MESSERS. (받는 쪽 이름과 연락처 기재) GU ENG CALIFORNIA, USA TEL: +1 734 000 0000 FAX: +1 734 000 0001	REMARKS (특별히 기재해야 할 기타 사항을 기록하는 곳. 여기서는 은 행계좌번호 등에 대한 것이 기재되어 있다. 아래에서 다시 설명하겠다.)
NOTIFY PARTY SAME AS ABOVE [수입자 외에 알려야 할 상대가 있으면 기재한다. 여기서는 GU ENG 외에 알려야 할 곳이 없으므로 'SAME AS ABOVE (상기와 동일)'라고 기재한다.]	1. PAYMENT TERMS: T/T 　BANK NAME:　INDUSTRIAL BANK OF 　　　　　　　　KOREA 　　　　　　　　GURO BRANCH 　ADDRESS: GURO-DONG, GURO-GU, 　　　　　　　SEOUL, KOREA 　SWIFT CODE: INKOKRSEXXX 　TEL: 82-2-000-0000, FAX: 82-2-000-0001 　ACCOUNT NO.: 242-000000-00-00000 　HOLDER: SUNGWOO TRADING

PORT OF LOADING INCHEON, KOREA (선적항)	FINAL DESTINATION LA, USA (도착항)	
CARRIER (선박의 명칭을 쓰는 곳이 다. 자세한 내용은 '5일차'를 참고하자.)	SAILING ON OR ABOUT DEC. 20, 2015 (선적일자 기재)	

DESCRIPTION OF GOODS(제품설명 기재란) REFRIGERATOR		QUANTITY/ UNIT(수량 기재) 20	UNIT PRICE (단가 기재) USD500.00	AMOUNT (총 금액 기재) USD10,000.00
	CK220			

TOTAL AMOUNT:　　FOB INCHEON　　USD10,000.00
(전체 금액 기재)　　(가격조건 기재)　　(총 금액 기재)

ACCEPTED BY ＿＿＿＿＿＿＿＿＿　　　SIGNED BY ＿＿＿＿＿＿＿＿＿

　　　　　　　GU ENG　　　　　　　　　　　SUNGWOO TRADING
(수입업체 담당자에게 사인을 받아서 합의　　(서류에는 보통 대표자가 사인을 하는
에 이르렀다는 것을 확인받는다)　　　　　데 매번 사인이 번거로우므로 사인을
　　　　　　　　　　　　　　　　　　도장으로 만들어서 찍거나 찍은 도장
　　　　　　　　　　　　　　　　　　을 컴퓨터에 저장해서 사용한다)

프로포마 인보이스를 작성해보자

문서는 기본적으로 누가 누구에게 보내는지, 어떤 내용에 대한 것인지가 명시되어 있어야 한다. 당연히 문서의 제목, 기타 내용 또한 기재되어 있어야 한다. 프로포마 인보이스 작성의 기본 요소들을 살펴보자.

- 제목: 문서의 제목을 기재한다. 예) PROFORMA INVOICE

- 누가SHIPPER: 보내는 사람(업체)을 기재한다. 예) SUNGWOO TRADING

- 누구에게FOR ACCOUNT & RISK OF MESSERS: 받는 사람(업체)을 기재한다. 예) GU ENG

- 추가 통지인NOTIFY PARTY: 받는 사람 외에 알려야 될 필요가 있을 경우 기재한다. 예) SAME AS ABOVE(위와 같음. 즉 받는 사람 외에는 알려야 할 사람이 없음)

- 기타REMARKS: 은행계좌 등 결제에 대한 것은 8일차에서 다루도록 하겠다.

- 제품설명DESCRIPTION: 제품명을 기재한다. 예) REFRIGERATOR CK220

- 수량QUANTITY: 수출 예정인 제품 수량을 기재한다. 예) 20

- 단가UNIT PRICE: 제품 단가를 기재한다. 예) USD500.00

- 금액AMOUNT: 제품의 총 금액을 기재한다. 예) USD10,000.00

- 사인SIGNATURE : 문서 하단에 서명이 들어가는데, 오른쪽은 프로 포마 인보이스를 작성한 쪽이, 왼쪽에는 프로포마 인보이스를 받는 쪽이 사인한다. 사인한다는 것은 작성된 서류에 서로 합 의한다는 의미다.
- 이외에 프로포마 인보이스의 문서번호와 작성일자NO. & DATE OF INVOICE, 발주번호와 작성일자ORDER NO. & DATE 등이 필요하다.

지금까지 프로포마 인보이스 작성의 기본 요소와 방법에 대 해 알아보았다. 다음은 이해를 돕기 위한 사례니 참고하자.

> GU ENG는 한국의 SUNGWOO TRADING에게 냉장고 20대를 발 주했다. SUNGWOO TRADING은 생산 라인 및 운송사에 확인 후 언제쯤 선적이 될지 확인했는데, 2015년 12월 20일에 선적이 가 능하다고 답변이 왔다. 그리고 다음과 같이 프로포마 인보이스 를 작성했다. 제품가격 등은 이미 견적서에 기재되어 있었지만 확인받는 차원에서 다시 기재했다. 우리 쪽 사인도 문서에 기재 했고 GU ENG에서도 선적일자와 가격 등에 대해 동의하는지 사 인을 받기 위해 GU ENG 쪽 사인 공간도 비워두었다.

PAYMENT TERMS와 FOB INCHEON

앞서(46쪽) 나온 '프로포마 인보이스 작성 예시'를 살펴보면

: 제품의 수출입 과정:

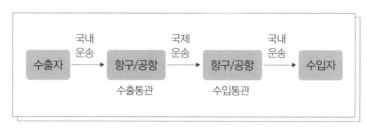

PAYMENT TERMS라는 것과 FOB INCHEON이라는 것이 있는데, 이에 대해 좀더 자세히 알아보자.

PAYMENT TERMS는 무역 용어로 결제조건이라는 말인데, 쉽게 말해서 '결제는 무엇으로 할 것인가'를 말한다. 국내에서 물건을 살 때는 대개 현금과 카드, 어음 등을 이용한다. 현금의 경우 직접 결제하거나 은행을 통해 송금하기도 한다. 무역도 이와 다르지 않아서 수입대금을 송금이나 일종의 어음인 신용장으로 결제한다. 보통 수입대금의 결제는 은행을 통하도록 되어 있다. 그러므로 현금을 직접 수출자에게 가져다주는 것이 아닌 은행을 통해 송금하는데, 이러한 송금을 무역에서는 T/T Telegraphic Transfer라고 한다.

은행을 통해 송금하는 경우 우선 외화송금 신청서라는 것을 작성해 제출해야 한다. 외화송금 신청서 작성시 작성하는 내용들이 있는데, 'PAYMENT TERMS: T/T(프로포마 인보이스 작성 예시 참고)' 아래에 적힌 내용들이 그것이다.

여기서 SWIFT CODE는 은행 이름 및 주소에 대한 기호를, ACCOUNT NO.는 받는 사람의 계좌번호를, 그리고 HOLDER는 예금주를 의미한다. 송금에 대한 자세한 내용은 8일차 '수출의 완성은 결제다'에서 다시 다루도록 하겠다.

다음으로 FOB INCHEON에 대해 알아보자. 이해를 돕기 위해 우선 인터넷 쇼핑몰에서 책을 한 권 산다고 가정해보자. 책값은 1만 원이다. 그렇다면 여기서 의문점이 생긴다. 배송비는 무료인가, 아닌가? 결론은 '알 수 없다.'다. 이때 1만 원 옆에 '배송비 별도'라는 말이 적혀 있으면 명확해진다. 1만 원에 추가로 배송비를 결제해야 책을 받을 수 있는 것이다.

이제 무역으로 돌아가보자. 제품이 수출되어서 수입되는 동안 국내운송, 통관, 국제운송 등등 여러 과정을 거치는데, 이를 달리 말하면 매 과정마다 각종 비용이 발생한다는 의미다. 그런데 물건값을 USD10,000.00라고만 해놓는다면 어떻게 될까? 각종 비용을 누가 부담할 것인가? 각종 비용은 수출자 혹은 수입자가 부담한다고 영문으로 써놓았는데, 서로 해석에 따라 내용이 달라진다면 어떻게 될까? 비용에 대한 끊임없는 분쟁이 발생할 것이고, 그로 인해 무역은 점점 쇠퇴하게 될 것이다.

배송비 별도만 써놔도 1만 원짜리 책값에 배송비는 포함되지 않으며, 책을 받기 위해서는 배송비를 따로 지불해야 한다는 것을 누구나 알 수 있다. 이처럼 전 세계의 누가 보더라도 오해의 소지가 없도록 비용 관련 용어를 통일한 것이 바로 인코텀즈 INCOTERMS다. 전 세계 무역인들은 인코텀즈의 용어만 보고서도 '배송비 별도'처럼, 제품이 수출되어서 수입되는 과정 중 발생하는 비용을 수출자와 수입자가 각각 어디에서 어디까지 부담하는 지를 알 수 있다.

무역 조건에 관한 국제규칙인 인코텀즈는 총 11개의 조건으로 구성되어 있는데, 그 중 하나가 바로 FOBFree On Board; 본선인도가격다. FOB는 항구에 있는 배에 선적하기까지 드는 비용을 수출자가 부담한다는 뜻이다. 'FOB BUSAN'이라고 적으면 부산항에 있는 배에 화물을 선적하기까지 들어가는 모든 비용을 수출자가 부담한다는 말이다. 그렇다면 FOB BUSAN USD10,000.00는 무엇을 의미할까? 제품가격은 1만 달러인데, 부산항에 있는 선박에 적재하는 비용을 포함한 가격이라는 말이다. 이외에 더욱 자세한 내용은 3일차에서 다루도록 하겠다.

▌무역의 첫 단계,
▌오퍼(견적)와 카운터 오퍼

지금까지 발주와 프로포마 인보이스에 대해 이야기했다. 그런데 사실 이것들에 앞서 진행되는 사항들이 있다. 바로 오퍼OFFER

와 카운터 오퍼COUNTER OFFER다. 일련의 과정들을 다시 정리해보면 다음과 같다.

오퍼(제품홍보 및 가격 제시) ⋯▸ 카운터 오퍼 ⋯▸ 합의 및 발주서 송부 ⋯▸ 프로포마 인보이스

무역 거래 중에는 오퍼와 여러 번의 카운터 오퍼, 즉 흥정이 오간 뒤에 합의에 이르거나 합의점을 찾지 못해 다음 기회로 미루어지거나 한다. 오퍼와 카운터 오퍼에 대해 알아보자.

- **오퍼**: 내가 파는 제품의 가격과 품질에 대해서 구매자에게 설명하고 구매를 제안하는 것이다. 제시하는 가격에 대해 작성한 서류를 견적서라고 하며, 영어로는 QUOTATION SHEET라고 한다. 반대로 구매자가 판매자에게 어떤 제품을 얼마에 달라고 요청하기도 하는데, 이 또한 제시를 하는 것이므로 오퍼라고 한다.
- **카운터 오퍼**: 판매자가 제시한 가격 등에 대해 구매자가 좀더 깎아달라고(오퍼, OFFER) 하는 경우, 이것을 카운터 오퍼 또는 반대 오퍼라 한다. 여기서 반대는 상대방의 의견에 반대한다기보다 오퍼를 낸 상대방, 즉 반대편에서 다시 제시했다고 해서 반대 오퍼라 한다.

견적, 그리고 QUOTATION

무역거래의 제일 첫 단계가 '가격을 요청하는 것이냐, 가격을 제시하는 것이냐' 하는 문제는 '닭이 먼저냐, 달걀이 먼저냐' 하는 문제처럼 어느 것을 우선으로 두기가 애매하다. 필자는 견적 제시를 무역의 제일 첫 단계로 보고, 견적서 제시부터 이야기를 시작하려고 한다.

구매자는 보통 가격이나 기타 구매 관련 조건이 궁금할 때 판매자에게 관련 내용을 요청하는데, 이것을 견적 요청이라고 한다. 그러면 판매자는 요청된 가격이나 기타 구매 내용을 문서로 작성하는데, 이 서류를 견적서라고 한다. 견적서는 영어로 QUOTATION SHEET라고 하며, 문의받은 가격에 대한 정보를 제공하는 서류라 해서 OFFER SHEET라고도 한다.

앞서 국제거래인 무역과 국내의 상거래는 큰 차이가 없다고 이야기했다. 국내업체에 제공하는 견적서를 작성해본 사람이 해외업체에게 보내는 견적서인 QUOTATION SHEET를 작성하다 보면 견적서와 QUOTATION SHEET의 내용이 얼마나 유사한지 알 수 있다. 즉 견적서를 작성할 줄 안다면 QUOTATION SHEET(OFFER SHEET)도 무리 없이 작성할 수 있다는 것이다.

견적서를 작성해보자

견적서에는 기본적으로 '누가, 누구에게, 무엇을'에 대한 내용과 함께 문서번호, 결제조건, 인도조건 등이 기재된다. 견적서 작성의 이해를 돕기 위해 성우통상과 창녕엔지니어링 사이의 냉장고 거래를 예로 들어보자.

　냉장고를 구매할 예정인 서울의 성우통상은 경상남도 창녕에 있는 창녕엔지니어링에 냉장고 20대에 대한 견적을 요청했다. 창녕엔지니어링은 55쪽과 같은 견적서를 성우통상에 이메일로 보냈다. 제시된 견적서는 견적에 필요한 기본 내용만을 기재한 것으로 그 내용은 다음과 같다.

- **제목**: 문서 제목을 기재한다. 여기서는 '견적서'라고 쓰면 된다.
- **문서번호**: 문서를 분류하기 위한 것으로, 견적서가 여러 건일 경우 문서번호가 따로 있어야 분류하기가 좋다.
- **발신**: 누가 이 서류를 작성했는지 알 수 있는 것으로, 여기서는 경남 창녕시에 있는 창녕엔지니어링이 작성자다. 전화번호와 팩스번호 기재는 기본이다.
- **수신**: 성우통상이 창녕엔지니어링에 먼저 냉장고 가격 정보를 요청했고, 견적서는 창녕엔지니어링이 성우통상에게 보내기 위해 작성했다. 발신의 경우와 마찬가지로 전화번호와 팩스번호 기재는 기본이다.
- **내용**: 성우통상이 냉장고 20대에 대한 견적을 요청했고, 창녕엔지니어링은 이에 대한 가격을 견적서에 기재했다.

: 견적서 작성 예시 :

견 적 서

문서번호 : 견150524

일   자 : 2015년 5월 24일

발   신 : 창녕엔지니어링   수   신 : 성우통상
           경남 창녕시   서울시 구로구 구로동

T E L : 055-000-0000   T E L : 02-000-0000

F A X : 055-000-0001   F A X : 02-000-0001

No.	제품	수량	단가	금액
	냉장고 CK220	20	200,000	4,000,000

인도조건: 결제 후 10일 내

결제조건: 현금결제

VAT 별도

운송비 별도

합   계(VAT 별도):

- 인도조건: 언제 물건을 넘겨줄 것인지에 대한 것으로, 견적서에서는 결제 후 10일 내에 넘겨주는 것으로 되어 있다.

- 결제조건: 결제 수단에 대한 것으로, 결제는 보통 현금을 송금한다. 이외에도 어음 등을 이용하며 외상거래를 하기도 한다.

- VAT 별도: VAT는 모든 판매 제품에 부가되는 세금이다. 일반적으로 제품값의 10%가 부가세로 붙는다. 제품값에 대한 견적을 제시하면서 VAT가 제품값에 포함되어 있는지 아닌지 표시해놓지 않으면 견적을 받는 쪽에서는 헷갈릴 수 있다. 정확하게 명기하지 않으면 VAT가 별도임에도 견적을 받는 쪽에서는 제품값에 VAT가 포함되었다고 오해할 수 있다.

- 운송비 별도: VAT 별도 항목과 마찬가지로 운송비가 발생할 수도 있다. 견적서에 '운송비 별도'라고 분명히 명기하지 않으면 견적을 받는 쪽에서는 제품값에 운송비가 포함되었다고 오해할 수 있다.

QUOTATION SHEET 작성은 이렇게 한다

앞서 무역은 우리가 일상생활에서 하는 구매 혹은 판매와 많은 유사성이 있다고 했는데, 그것은 서류 작성에서도 찾아볼 수 있다. 이해를 돕기 위해 일반적인 견적서에 대해 먼저 설명했는데, 무역에서의 QUOTATION SHEET도 견적서 작성과 크게 다를 바 없다. QUOTATION SHEET 작성의 이해를 돕기 위해 미국의 GU ENG와 한국의 SUNGWOO TRADING 사이의 냉장고 거래를 예로 들어보겠다.

품질 좋고 저렴한 냉장고를 구매할 예정인 미국의 GU ENG는 기존에 거래가 있던 한국의 SUNGWOO TRADING에 REFRIGERATOR 20대에 대한 견적을 요청했다. 그러자 SUNGWOO TRADING은 58쪽과 같은 QUOTATION SHEET를 GU ENG에 이메일로 보냈다.

작성된 QUOTATION SHEET를 살펴보면 앞에서 설명한 견적서와 작성방법에 거의 차이가 없음을 알 수 있다. 즉 견적서 대신 QUOTATION이라는 서류제목이 들어가고, 발신과 수신의 의미로 FROM과 TO가 들어가며, 품명·수량·단가·금액이 ITEM·QUANTITY·UNIT PRICE·AMOUNT로 기재되어 있다. 그 외에 QUOTATION SHEET만의 차별점이 있다면 PAYMENT TERMS결제조건, DELIVERY배송, INCOTERMS인코텀즈 혹은 가격조건, VALIDITY유효기간가 있다. 이들에 대해 좀더 자세히 알아보자.

- PAYMENT TERMS : 프로포마 인보이스에 대한 설명에서도 나왔던 용어로 결제방식에 대한 표현이다. 우리 식으로 표현하면 어음이나 송금 방식의 현금 등이 있다. 무역에서는 송금을 T/T 라고 한다. IN ADVANCE는 선불을 의미하는 것으로, 여기서

: QUOTATION SHEET 작성 예시 :

QUOTATION(제목)

NO. : P150524(문서번호)

DATE : MAY 24, 2015(작성일자)

FROM : SUNGWOO TRADING   TO   : GU ENG
(작성자) GURO—DONG, GURO—   (받는사람) CALIFORNIA, USA
         GU, SEOUL, KOREA

T E L : +82—2—000—0000   T E L : +1—734—000—0000

F A X : +82—2—000—0001   F A X : +1—734—000—0001

No.	ITEM (품명)	QUANTITY (수량)	UNIT PRICE (단가)	AMOUNT (금액)
	REFRIGERATOR CK220	20	USD500.00	USD10,000.00

PAYMENT TERMS:100% BY T/T IN ADVANCE
(결제조건)

SHIPPING DATE: IN 2 WEEKS AFTER RECEIVING THE PAYMENT
(선적일자)

INCOTERMS: FOB INCHEON
(인코텀즈 혹은 가격조건)

VALIDITY: 2 WEEKS
(유효기간)

TOTAL   USD10,000.00

는 100% 송금을 먼저 해달라는 의미다.

- SHIPPING DATE : 배송일자와 비슷한 말이지만 차이가 있다면 배송일자는 언제 물건을 받을 수 있는지에 대한 것이다. 보통 국내에서는 대부분의 물건이 하루이틀 정도면 도착하지만, 무역에서는 다양한 과정을 거쳐 물건이 수출되고 수입되기에 예기치 못하게 배송이 늦어질 수 있다. 그래서 무역 관련 서류에는 배송일자보다는 물건이 선박이나 비행기에 적재되는 선적일자SHIPPING DATE를 더 많이 쓴다. 여기서는 결제 후 2주 내에 비행기나 배에 물건을 실을 수 있다고 되어 있다.

- INCOTERMS : 프로포마 인보이스 부분에서 언급했던 인코텀즈는 물건값 외에 발생하는 비용을 누가 부담할 것인지 표기하는 용어다. 여기서는 FOB INCHEON으로, FOB는 Free On Board의 약자다. 선적이 되면On Board 수출자는 비용과 책임의 부담에서 벗어난다는Free 뜻이다. 즉 INCHEON에 있는 선박에 물건을 적재한 이후에 발생하는 선박 운송료부터 모든 비용을 수입자가 부담하는 것이 FOB INCHEON이다. 자세한 내용은 3일차 '항구나 공항까지 운송하자_국내운송'에서 다시 다루도록 하겠다.

- VALIDITY : 견적서, 즉 QUOTATION 유효기간을 말한다 판매자가 구매자에게 얼마에 제품을 팔겠다는 견적서를 제출한 뒤 가격을 올리거나 내리는 상황이 발생할 수도 있고, 기타 견적서

내용과 다른 상황이 발생할 수도 있다. 그러므로 VALIDITY를
2 WEEKS로 두는 것이 좋다. 그래야 견적서를 보내고 2주 후에
가격이나 기타 견적사항 및 변동사항을 통보하더라도 서로 얼굴
붉힐 일이 없다.

견적(오퍼), 카운터오퍼, 발주, 그리고 프로포마 인보이스

지금까지의 내용을 정리해보면 오퍼는 이렇게 해보면 어
떻겠느냐고 제안하는 일이다. 구매자인 GU ENG가 판매자인
SUNGWOO TRADING에게 냉장고 20대를 살 테니 얼마에 맞
춰달라고 제안할 수도 있지만, 보통은 판매자가 구매자에게 가격
이나 기타 조건을 제안하고 구매자가 가격이나 기타 조건에 대해
의견을 내는 카운터 오퍼를 하는 식의 흥정이 이루어진다. 이 책
에서는 자세히 설명하지 않았지만 GU ENG가 REFRIGERATOR
20대 대신 30대를 살 테니 가격을 깎아달라고 할 수도 있었는데,
이것이 카운터 오퍼다.

이러한 일련의 과정을 거쳐 구매자가 발주서나 계약서를 작성
해 주문하고, 판매자가 프로포마 인보이스 등을 작성해 정확한
선적일 등에 대한 정보를 구매자에게 이메일이나 팩스로 전달하
면서 발주 인수 과정이 끝난다.

3일차에서는 주문 혹은 발주를 받은 후 무역실무자가 하게 될
업무에 대해 알아보도록 하겠다.

3일차에서는 사진과 그림을 통해 국내운송을 살펴본다. 그리고 무역 일을 하는 사람들이 가장 어렵게 여기는 인코텀즈에 대해서 설명한다. 인코텀즈는 생각보다 어렵지 않다. 무역의 핵심 중 하나인 인코텀즈를 잘 익혀서 실무에 활용하도록 하자.

> **수출입 과정:** 발주 → **국내운송** → 수출통관 → 국제운송 → 수입지 항구(혹은 공항)에 도착 → 수입통관 → 국내운송 및 화물 인수

: 3일차 :

항구나 공항까지
운송하자
국내운송

항구나 공항까지
운송은 이렇게 한다

　SUNGWOO TRADING은 수출용 냉장고 20대에 대한 포장을 완료했다. 포장된 제품을 항구까지 운송하려고 한다. 그런데 운송은 어떻게 진행되는 것일까? 이제부터 제품 발주를 받은 후인 운송에 대해 살펴보도록 하겠다.

제품 출고일자와 운송수단을 알아둔다

　제품 발주를 받으면, 첫째, 언제 수출제품이 생산되어서 포장이 완료되는지 확인해 프로포마 인보이스 등으로 구매자에게 통지한다. 둘째, 목적지까지 가는 수출용 선박이나 비행기가 언제 있는지 확인한다. 가까운 일본의 경우 일본으로 가는 배나 비행기는 매일 있지만 미국이나 거리가 먼 나라의 경우 운송편이 일주일에 한두 편만 있을 때도 있으니 미리 확인하는 것이 좋다. 이때 운송료 등도 확인해둔다. 셋째, 항구나 공항까지 수출화물을 운송할 차편을 알아둔다.

국내운송, 어떻게 할 것인가?

우리나라에서 외국으로 제품을 수출하기 위한 운송수단에는 배와 비행기가 있다. 이는 화물을 배나 비행기가 있는 항구나 공항까지 운송해야 한다는 뜻이다. 그렇다면 항구나 공항까지 수출화물을 실을 운송수단에는 어떤 것들이 있는지, 그리고 무엇을 확인해야 하는지 알아보자.

첫째, 배나 비행기에 화물을 선적하기 전 언제 항구나 공항의 어디로 보내야 하는지 파악한다. 배나 비행기 혹은 고속버스 등으로 어딘가를 갈 때 사람은 일단 대합실이나 라운지 등에서 교통편을 기다린다. 마찬가지로 화물도 목적지로 운송되기 전에 일정한 장소에 모아두었다가 배나 비행기에 싣는데, 이 장소에는 CY, CFS 혹은 공항 물류창고 등이 있다.

- CY: Container Yard의 약자로 컨테이너 야적장이라는 뜻이다.

야적은 창고 같은 공간이 아닌 넓은 공터에 쌓아둔다는 말로, 실제로 컨테이너는 어떤 창고에 보관하는 것이 아니라 공터에 몇 칸씩 쌓아두었다가 바로 선적된다.

- CFS: Container Freight Station의 약자로 컨테이너화물 집하장을 말한다. 보통 한 개의 컨테이너에는 약 800개 정도의 라면 상자가 들어갈 수 있는데, 화물 수량이 한 컨테이너 분량이 안 될 경우 다른 회사의 화물과 합쳐서 한 컨테이너를 만들기 위해 화물을 일정한 장소에 모아둔다. 그 장소가 바로 CFS다. CFS에 모인 화물로 한 컨테이너가 만들어지면 컨테이너는 CY로 이동했다가 배에 실린다. 참고로 배로 운송되는 화물은 컨테이너와 컨테이너가 아닌 화물, 즉 벌크Bulk화물로 나뉜다(컨테이너에 대한 자세한 설명은 '무역의 필수 장비, 사진으로 배워보자'에서 자세히 설명하겠다).

- 공항의 물류창고: CY나 CFS처럼 비행기에 화물이 실리기 전 화물이 모이는 장소다.

선박이나 항공 운송사에 배 또는 비행기에 화물을 선적하기 위해 항구나 공항의 어디까지 운송해야 하냐고 물어보면 해당 CY나 CFS 혹은 공항의 물류창고 담당자의 연락처와 주소를 알려주는데, 이것을 항구나 공항까지 화물을 운송하는 기사에게 전해주면 된다.

둘째, 항구나 공항까지 어떤 운송수단을 이용할 것인지 정한다. 항구나 공항까지 화물운송은 보통 트럭을 이용하며, 경우에 따라 철도를 이용하기도 한다. 트럭은 운송할 수 있는 무게에 따라 1t, 1.4t, 2.5t 등이 있고, 컨테이너를 운송하는 트레일러 등이 있다. 이러한 트럭은 인터넷으로 화물 운송이나 컨테이너 운송만 검색해봐도 여러 업체가 나오니 참고하기 바란다. 가장 쉬운 방법은 배 또는 비행기를 예약할 때 해당 선박이나 항공운송회사에 소개해달라고 하면 된다.

셋째, 운송료를 확인한다. 운송할 화물의 무게와 크기는 기본으로 알고 있자. 택배로 물건을 보낼 때 그 무게나 크기로 운송료가 결정되는데 이것은 항구나 공항까지 화물을 보낼 때도 마찬가지다. 즉 서울에서 부산까지 화물의 무게나 크기에 따라 운송료가 정해진다. 그러므로 우선 운송할 화물의 무게와 크기를 알고 여러 운송회사를 알아본 뒤 운송료를 비교해보도록 한다.

다시 SUNGWOO TRADING의 사례로 돌아가보자. SUNGWOO TRADING은 배로 화물을 운송할 예정이고, 출발 항구는 부산항이다. 냉장고를 실은 컨테이너를 항구까지 운송할 트레일러는 선박운송회사가 예약해주었고, 약속한 시간에 컨테이너 운송 차량이 들어와서 화물을 싣고 부산항 CY로 향하면 국내운송이 마무리된다.

무역의 필수 장비,
사진으로 배워보자

  수출화물을 공항이나 항구까지 운송하거나, 공항이나 항구에 도착한 수입화물을 싣고 우리 공장까지 운송하기 위한 운송수단에는 트럭이나 기차 등이 있다. 트럭이나 기차 등에 화물을 싣거나 내리는 데는 지게차라는 화물 적재 기계를 이용한다. 현재 대부분의 화물은 컨테이너에 넣어서 운송되는 화물이냐 아니냐로 나뉘는데, 컨테이너로 운송되는 화물을 컨테이너화물, 그 외의 화물을 벌크화물이라고 한다.

항구나 공항까지 화물을 운송하자: 일반 트럭

  트럭은 실을 수 있는 무게에 따라 1t, 1.4t, 2.5t과 18t, 25t의 대형트럭 등이 있는데, 현장에서는 1t 트럭을 용달, 1.4t 트럭을 점사라고 부르기도 한다.

대형트럭(좌)과 용달트럭(우)이다.

탑차는 비나 눈이 오더라도 젖지 않게 실을
수 있는 상자가 있는 것이 특징이다.

윙 바디-1 화물을 적재하기 위해 윙(옆 문)을 한쪽만 열어놓은 모습(좌)과 평소 운행중일 때
의 모습(우)이다.

윙 바디-2 화물을 양쪽에서 적재하기 위해 윙 양쪽을 열어놓은 모습(좌)과 윙 양쪽을 닫은
모습(우)이다.

18t과 25t 등의 화물을 싣는 대형트럭은 차가 크고 적재할 수
있는 양이 많기 때문에 주로 여러 곳의 화물을 대량으로 받아서
지방으로 운행한다. 예를 들면 서울에서 부산이나 광주까지의
장거리 운행을 한다. 물건을 보내는 사람이 화물 크기를 고려해
자신에게 맞는 저렴한 차편을 이용하면 된다.

1t 또는 1.4t 등의 무게를 실을 수 있는 트럭은 용달트럭이라고 한다. 대형트럭에 비해 차량이 작기 때문에 실을 수 있는 화물량이 적다. 주로 한 도시 내에서 운송한다.

이외에 일반 트럭과 같은 무게를 적재하면서 양쪽 문이 열린다고 해서 윙(날개) 바디라고 불리는 화물차도 있다. 윙 바디는 뒤쪽으로만 화물을 실을 수 있는 탑차와 달리 차량 옆면도 열 수 있어 화물을 싣기가 편리하다.

수출입의 필수 동반자: 트레일러, 컨테이너, 크레인, 바지선

1. 트레일러

항구까지 컨테이너를 싣거나 항구에서 수입자의 공장까지 컨테이너를 운송하는 컨테이너 운반 전문 차량이다.

컨테이너를 운반하는 트레일러. 오른쪽에 점선으로 표시된 부분이 컨테이너다.

보통 컨테이너는 한 개만 운반하지만 2개를 운반하기도 한다. 사진에서 점선으로 표시된 부분은 화물을 컨테이너에 싣기 위해 컨테이너 문을 열어 놓은 모습이다.

왼쪽 사진은 운전석 쪽 컨테이너에 화물을 싣기 위해 운전석을 분리한 모습이다. 점선 부분이 원래 운전석이 있던 자리다. 오른쪽 사진은 운전석 쪽 컨테이너의 문을 열기 위해 운전석을 분리한 모습이다. 점선 부분이 원래 컨테이너가 있던 자리다.

2. 컨테이너

수출이나 수입화물을 구분할 때는 보통 컨테이너화물과 벌크화물로 나눈다. 벌크는 큰 규모 또는 대량이라는 뜻으로, 수량이 많거나 크기가 큰 화물을 벌크화물이라고 하며, 자동차나 배 한 척을 통째로 빌려서 운송하는 곡물이나 기름 등이 여기에 속한다.

이에 반해 TV와 세탁기 또는 라면박스보다 좀더 크거나 작은 화물은 배에 하나하나 싣기에는 손이 많이 가므로 컨테이너에 넣어서 배에 싣는다. 컨테이너는 길이에 따라 20피트와 40피트, 이렇게 2가지 종류가 있다.

- 20피트 컨테이너: 길이가 20피트인 컨테이너다. 참고로 20피트는 약 6.1m이며 20피트 컨테이너의 폭은 2.44m, 높이는 약 2.6m다.
- 40피트 컨테이너: 길이가 40피트인 컨테이너다. 참고로 40피트는 약 12.2m이며 폭과 높이는 20피트와 동일하다.

컨테이너는 트레일러 대신 일반 트럭에 실려서 운송되기도 한다.

컨테이너

참고로 화물의 크기가 크거나 수량이 많아서 컨테이너 하나를 단독으로 쓰느냐, 아니면 다른 회사 제품과 함께 컨테이너에 실리느냐에 따라 FCL과 LCL로 나뉜다. FCL은 Full Container Load의 약자로 하나의 컨테이너에 한 개 회사의 제품만 단독으로 싣고 가는 경우를 말한다. LCL은 Less Container Load의 약자로 화물의 양이 많지 않아서 하나의 컨테이너를 다 쓸 필요가 없는 경우를 말한다. 여행을 가는데 사람이 많아서 버스를 전세낼 것인지, 아니면 2~3명이 가므로 일반 고속버스를 타고 갈 것인지의 차이다.

3. 크레인

대형 크레인에 의해 부두에 적재된 컨테이너

인형 뽑기 기계의 집게와 비슷하게 생긴 크레인은 컨테이너를 집어서 배에 실을 때 사용한다. 배와 아무리 멀리 떨어져 있는 컨테이너라도 크레인만 있으면 문제없이 배에 실을 수 있다.

4. 바지선

큰 배의 경우 항구의 수심이 낮으면 배의 바닥이 땅에 닿을 수 있기 때문에 항구에 정박하지 못하고 항구 근처 바다 위에 둥둥 떠 있게 된다. 항구 근처 바다에 떠 있는 배에서 컨테이너와 같은 화물을 실어서 항구까지 운반하는 배를 바지선이라 한다.

바지선

화물을 적재할 때 필요한 필수 장비: 지게차, 팔레트, 자키

1. 지게차

지게차는 무거운 화물을 운반하는 수출입 업무뿐만 아니라 일반 공장 등에서도 많이 쓰이는 대표적인 화물 적재 장비다.

지게차는 'Forklift Truck'이라고 하는데, 충전을 하는 타입과 경유를 넣는 타입이 있다. 지게차는 다양한 무게를 적재할 수 있으며 경우에 따라서는 대여업체를 통해 빌려 쓰기도 한다.

화물 이동을 위해 대기하고 있는 지게차(좌)와 지게차를 이용해서 화물을 트럭에 적재하고 있는 모습(우)

2. 팔레트

팔레트는 지게차와 함께 없어서는 안 될 대표적인 화물 적재 도구다. 플라스틱 팔레트와 나무 팔레트가 있다.

나무 팔레트의 경우 병충해 등의 이유로 수출시 이용되는 나무 팔레트는 반드시 열처리 과정을 거쳐야 한다. 열처리하는 업체는 거래하는 수출입 운송사에 문의하거나 농림축산검사본부(www.qia.go.kr)에서 확인하면 된다. 열처리된 나무 팔레트에는 아래의 오른쪽 사진과 같이 열처리 표식이 찍히게 된다.

플라스틱 팔레트(좌)와 지게차로 옮겨지기 전 차곡차곡 쌓여 있는 나무 팔레트(우)

3. 팔레트 미는 툴

컨테이너 속으로 팔레트, 화물 등을 밀 때 쓰는 도구로 지게차에 끼워서 사용한다.

① 팔레트 미는 툴, ② 지게차에 팔레트 미는 툴을 끼운 모습, ③ 지게차로 팔레트를 미는 모습

4. 자키

자키는 무거운 화물을 실은 뒤 손수레처럼 끌고 다닐 수 있다.

자키에 팔레트를 끼운 모습

기타 장비: 포장기계, 실 또는 컨테이너 실

1. 포장기계

팔레트에 올려진 제품이 흔들리지 않도록 회전하면서 포장하는 기계다.

점선 안의 둥근 판 위에 팔레트가 놓인 채로 회전을 하면 화살표의 비닐이 제품에 감기는 형식이다.

포장하는 모습(좌)과 수출용 포장이 완료된 모습(우)

2. 실 또는 컨테이너 실

컨테이너에 화물을 채운 후 컨테이너 문을 최종적으로 잠그는데, 이때 사용하는 잠금 장치를 실Seal 또는 컨테이너 실Container Seal이라 한다.

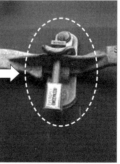

컨테이너 문을 닫은 후 컨테이너 실을 채우는 모습

컨테이너 문에 실이 채워진 모습으로, 점선 안의 것이 실이다.

운송비 별도와
인코텀즈

착불, 현불, 운송비 별도, 그리고 위험

앞에서 우리는 항구나 공항까지 화물을 운송하는 방법에 대해서 배웠는데, 그 과정을 살펴보면 비교적 단순하다. 예를 들어 해산물을 부산에서 서울로 배송한다고 했을 때 운송 과정은 '부산→운송(트럭 또는 버스)→서울'이다.

이 경우 부산에서 서울까지 운송비가 발생한다. 이때 판매자와 구매자 중 누가 운송료를 부담하느냐에 따라 '현불'과 '착불'로 나뉜다. 제품을 보내는 판매자가 운송료를 지불하면 현불, 구매자인 받는 사람이 운송료를 지불하면 착불이다. 이외에 '운송비 별도'라는 것도 있는데, 견적서를 제출할 때 금액에 운송료가 포함된 것인지 아닌지 오해할 수 있으므로 '운송비 별도'라고 기재해두어야 금액에 운송비가 포함되지 않았음을 알 수 있다. 화물이 별일 없이 잘 배송된다면 문제가 없지만 운송중 물건이 파손되었다면 보통은 반품을 하거나 파는 쪽에서 환불을 해준다. 그런데 포장에는 문제가 없고 운송중에 물건이 파손되었다면 운송사에 변상을 요청하기도 한다.

이것이 우리나라에서의 일반적인 배송 사항이다. 그렇다면 조금더 복잡한 과정을 거쳐서 배송되는 무역의 경우에는 어떨까?

착불이나 현불 혹은 운송료 별도에 대한 무역용어, 인코텀즈

: 수출입 운송과정 :

단계	비용 및 위험부담
제품준비	–
국내운송	• 운송료 발생 • 운송중 제품 파손 위험
수출통관	• 제품 검사(통관)는 보통 관세사를 통해서 진행 • 통관수수료 발생
선적	• 선적과 관련된 비용 발생 • 선적시 제품 파손 위험
국제운송	• 국제운송료 발생 • 운송시 제품 파손 위험
도착	• 배나 비행기에 실린 화물을 내려서 보관장소로 옮기는데 이때 갖가지 비용이 발생 • 보관장소로 이동 혹은 보관시 제품 파손 위험
수입통관	• 제품검사(통관)시 통관수수료 발생
국내운송	• 수입자의 창고 등으로 운송시 운송료 발생 • 운송중 제품 파손 위험
인수	–

(좌측 세로: 수출입 운송과정)

국내에서 이루어지는 매매 과정은 비교적 단순하지만 위와 같
이 제품이 수출되어서 수입되는 과정은 복잡하고 갖가지 비용과
파손에 대한 위험이 발생한다. 우선 비용의 경우 수출자와 수입
자가 서로 어디서 어디까지 비용을 부담할 것인지에 대해서 명
확하게 결정하지 않으면, 소위 말하는 앞으로 남고 뒤로 빠지는

모양이 된다. 그리고 운송중 발생하는 위험에 대해서도 서로가 어디까지 책임지고 배송하겠다는 것을 정해놓지 않으면 나중에 문제가 생겼을 때 분쟁이 발생할 수도 있다.

예를 들어 수출자인 SUNGWOO TRADINIG은 수출항구까지 가는 비용만 부담하겠다고 이야기했는데, 수입자인 GU ENG 는 미국까지 선박운송료를 부담하는 것으로 오해할 수도 있다. 또 SUNGWOO TRADING은 수출항구까지 책임지고 운송하기로 했는데, GU ENG는 국제운송시 발생하는 제품 파손까지 책임지는 것으로 오해할 수도 있다.

이러한 비용과 책임을 어디까지 부담하겠다는 것을 어떻게 표현해야 할까? 현란한 영어로 정확하고 세밀하게 표현하면 되는 것일까? 아니면 모든 계약마다 국제변호사와 함께 계약서를 작성할 것인가? 또 만약 제품이 수출되었는데 운송중에 파손되거나 배에 싣다가 떨어져서 파손되면 이러한 손해는 수출자와 수입자 중 누구에게 파손의 책임을 물어야 할까? 이러한 것을 사전에 어떤 식으로 협의해야 할까? 정답은 인코텀즈에 있다.

인코텀즈의 11개 조건에 대해서 알아보자

인코텀즈는 국제상업회의소ICC에서 만든 것으로, 영어로는 INCOTERMS라고 쓰며 International Commercial Terms의 약자로 무역조건에 관한 국제규칙이다. 수출입 과정에서 발생하는 비용과 책임에 대해서 약자로 정리해놓은 11개 조건이 바로 인코텀즈다. 인코텀즈에는 FAS, FOB, CFR, CIF, EXW, FCA, CPT, CIP, DAT, DAP, DDP가 있는데, 이런 식으로 형태를 정해놓았다고 해서 인코텀즈를 정형거래조건이라고도 한다. 각 조건에 대해 자세히 알아보도록 하자.

1. EXW

냉장고를 수출하는 SUNGWOO TRADING은 미국의 GU ENG와 USD10,000.00의 수출계약을 체결한다. 수출되어서 수입되는 과정은 다음과 같다.

제품준비 ┅➤ 국내운송 ┅➤ 통관(수출신고) ┅➤ 국제운송 ┅➤ 도착

┅➤ 통관(수입신고) ┅➤ 국내운송 ┅➤ 인수

※ 진하게 표시한 부분이 EXW하에서 수출자가 부담하는 비용과 책임이다.

이때 SUNGWOO TRADING은 창원에 있는 자사 공장에 제품준비만 하고 GU ENG가 한국에 있는 SUNGWOO TRADING 창원공장에서 제품을 직접 인수해서 미국까지 운송하기로 계약한다. 이것을 어떻게 말로 표현할까? 그리고 수출자의 책임은 어디까지일까? 복잡해보이지만 EXW라는 인코텀즈로 간단히 해결할 수 있다.

EXW는 EX Works의 약자로 엑스워크 또는 이엑스워크라고 한다. 우리말로는 작업장 또는 공장인도조건이라 한다. 수입자가 수출자의 창고나 공장에 있는 있는 화물을 직접 인수해서 국내운송을 통해 선적한 후 자기 나라까지 화물을 보낼 때 이용하는 조건이다. 수출자는 단순히 제품 포장만 해놓으면 수입자의 운송회사가 수출지에서 화물을 인수해 수입자의 나라까지 운송한다. 수입자의 운송회사가 화물을 인수한 이후 발생되는 모든 비용과 위험은 수입자 부담이다.

예를 들어 EXW CHANGWON, KOREA USD10,000.00와 USD10,000.00에는 다음과 같은 차이가 있다. 만약 견적서에 USD10,000.00(1만 달러)라고만 되어 있다면 수입자 쪽에서는 알쏭달쏭할 것이다. 이 1만 달러에 수출입 과정 동안 부과되는 각종 비용이 포함된 것인지, 아닌지 말이다.

하지만 EXW CHANGWON, KOREA USD10,000.00라고 해놓으면 수출자는 수입자에게 창원에 언제까지 물건이 준비되니 그 날짜 맞춰서 인수해 가라고 하면 되고, 수입자는 지정된 날짜에 창원으로 가서 물건을 인수하면 된다. 즉 수출자는 창원에 물건만 준비해놓으면 되고, 수입자는 창원에서 물건을 인수해서 항구나 공항까지 화물을 운송해 배나 비행기에 물건을 실어서 미국까지 운송하는 데 드는 모든 비용을 지불한다. 왜냐하면 EXW로 계약했기 때문이다.

- 인코텀즈는 가격조건: 인코텀즈에 있는 EXW를 포함한 11 개 조건을 가격조건이라고도 한다. 앞에서 보았듯이 EXW CHANGWON USD10,000.00라고 해놓으면 수출자인 SUNGWOO TRADING은 자사 공장에 있는 창원에 화물 수출 준비만 해놓는 조건으로 물건을 1만 달러(USD10,000.00)에 제품을 판다는 의미다. 그러므로 금액과 함께 11개 조건 중 하나가 기재되어 있으면 그 금액이 어떤 조건에서 이루어진 것인지 알 수 있다.

- USD10,000.00의 의미: USD는 US Dollars라는 말로 US는 United States of America인 미국의 약자이고, Dollars는 미국 화폐 단위다. 10,000.00은 1만을 의미하며 USD10,000.00는 1만 달러를 의미한다. 참고로 10,000뒤에 .00이 붙는데 이것은 센트를 의미한다. 1달러는 100센트인데 1만 달러이기 때문에 USD10,000.00가 된다. 만약 1만 달러 10센트라면 USD10,000.10가 된다.

EXW를 쓰는 방법은 '가격조건+지정장소+금액'이다. 예를 들면 'EXW CHANGWON USD10,000.00'이라고 쓰면 된다(인코텀즈+지정장소, 즉 EXW CHANGWON 혹은 EXW CHANGWON, KOREA 등으로 기재하기도 한다).

2. FCA

내가 수출자이고 컨테이너로 화물을 수출한다고 가정해보자. 컨테이너화물이 수출되어서 수입되는 과정은 다음과 같다.

제품준비 ⋯→ **국내운송** ⋯→ **통관(수출신고)** ⋯→ CY ⋯→ 선적 및 국제운송 ⋯→ 도착 ⋯→ CY ⋯→ 통관(수입신고) ⋯→ 국내운송 ⋯→ 인수

※ 진하게 표시한 부분이 FCA하에서 수출자가 부담하는 비용과 책임이다.

EXW 사례에서 수출자의 책임과 비용은 창고에 물건을 준비해두는 것을 끝으로, 수입자가 수출자의 나라에서 국내운송을 한 뒤 물건을 선적해 자기 나라까지 배송하는 구조였다. 이번에는 수출자가 수입자가 보낸 국내 운송회사에 화물까지 실어주거나 항구까지 운송해주기로 수입자와 합의했다고 가정해보자. 혹은 항구까지 운송하는 트럭에 화물을 실어 주겠다고 합의했다고 생각해보자. 이때 사용할 수 있는 조건이 바로 FCA다.

FCA는 Free Carrier의 약자로 우리말로는 운송인인도조건이다. 여기서 운송인은 수입자가 고용한 운송회사로, 수출자가 운송회사에 화물을 넘겨주면 그 이후에 발생하는 비용과 위험은 수입자가 책임진다는 의미다(다만 수출지에서 통관은 수출자가 해야 한다. EXW의 경우 수출지에서의 통관도 수입자가 한다).

항구에는 선박회사가 쓰는 CY가 따로 있다. 수출지에서 컨테

CY와 CFS 혹은 컨테이너 야적장과 컨테이너화물 집하장

컨테이너화물은 항구에서 바로 선적되지 않고 일정한 장소에 모았다 한꺼번에 배에 선적되는데, 컨테이너를 모아두는 장소를 CY 또는 컨테이너 야적장이라고 한다.

화물량이 적어서 한 컨테이너를 꽉 채울 수 없는 경우, 일단 항구의 일정한 장소에 모았다가 한 컨테이너를 채운 후 CY로 옮겨졌다가 배에 실려서 수출된다. 이 일정한 장소를 CFS 또는 컨테이너에 넣을 화물을 모아두는(집하) 장소라 해서 컨테이너화물 집하장이라 한다. 그리고 한 회사의 화물이 한 컨테이너를 채우거나 한 컨테이너 단독으로 쓰는 경우, FCL 또는 꽉 채워진Full 컨테이너Container 화물Load이라 한다. 그리고 다른 회사의 화물과 함께 컨테이너에 채워지는 것을 LCL 또는 덜 채워진Less 컨테이너Container 화물Load이라고 한다.

이너는 선박회사가 지정하는 CY에 적재되어야 한다. CY에 적재된 후 화물에 문제가 생기면 선박회사의 책임이다. 수출자와 수입자 중 선박운송을 이용하는 쪽이 선박회사에 손해배상 등을 청구한다. 이것을 수출자의 위험 또는 수입자의 위험이라고 한다.

CFS의 경우에도 운송회사가 지정하는 곳에 화물을 넣어야 한다. 지정된 CFS에 입고시킴으로써 입고 이후 해외운송중 발생하는 화물 손해는 운송사의 책임이며, 이 부분에 대한 손해배상 청구는 이 운송회사를 이용하는 수출자나 수입자가 진행한다. 간단히 말하면 FCA는 'EXW+내륙운송' 혹은 'EXW+내륙운송회사에게 화물 인계'다. 이용방법은 'FCA+지정장소'다. 예를 들면 'FCA INCHEON'이라고 쓴다.

FCA는 항공운송에도 쓰인다. 항공운송의 과정은 다음과 같다.

제품준비 ···▶ **국내운송** ···▶ **통관(수출신고)** ···▶ 화물 터미널 ···▶ 적재 및 국제운송 ···▶ 도착 ···▶ 화물 터미널 ···▶ 통관(수입신고) ···▶ 국내운송 ···▶ 인수

컨테이너와 비슷하게 비행기로 보내는 화물도 공항에 도착한후 바로 적재되는 것이 아니라 화물 터미널에 모아두었다가 적재된다(우리가 공항에 갔다고 해서 바로 비행기를 탈 수 있는 것이 아니라 게이트에 모였다 탑승하는 것과 비슷하다). 항공운송사의 경우 전용터미널이 있는데, 이 터미널에 화물이 모였다가 비행기에 실리게 된다. 그러므로 항공운송일 때도 FCA를 쓸 수 있다. 물론 선박의 경우처럼 국제 운송료 또는 국내 운송료는 수입자가 내겠다는 의미다. 작성은 마찬가지로 'FCA+지정장소'다. 예를 들어 'FCA INCHEON AIRPORT'라고 쓰면 되는데, 인천에서 출발하는 경우에는 공항과 항구를 헷갈리지 않기 위해 AIRPORT를 뒤에 붙인다.

3. FAS

부피가 커서 컨테이너에는 실을 수 없는 벌크화물을 수출하려는 수출자는 수출 항구까지 화물을 보내는 비용과 책임을 부담하려고 한다. 이때 사용할 수 있는 인코텀즈 조건은 FAS다.

벌크화물

Bulk는 대량을 뜻하는 단어로, 컨테이너에 넣기에는 크기가 크거나 수량이 많은 화물을 말한다. 벌크화물은 대표적으로 광물, 유류, 자동차 등이다.

컨테이너화물의 경우 컨테이너 사이즈가 일정하고 항구 곳곳에 컨테이너를 운반하는 크레인이 설치되어 있어, 컨테이너를 운송할 선박과 컨테이너가 멀리 떨어져 있더라도 어렵지 않게 선적할 수 있다. 하지만 벌크화물은 크기가 크고 다양해 선적을 쉽게 하기 위해서 보통 수출선박이 정박(자동차로 치면 주차)하는 부두 근처나 바지선으로 컨테이너를 실어서 수출선박까지 운송한다. 그다음 수출선박에 있는 벌크화물용 크레인으로 화물을 선적한다.

FAS는 Free Alongside Ship선측인도조건의 약자로, 수출자가 수출선박의 옆Alongside Ship; 선측에 화물을 두는 것으로 그 비용과 책임이 끝난다는 조건이다. FAS는 벌크화물에 적합한데, FAS 조건일 때 벌크화물의 수출입 과정은 다음과 같다.

제품준비 ···→ **국내운송** ···→ **통관** ···→ **수출선박 근처에 화물 적재**
···→ 선적 및 국제운송 ···→ 도착 ···→ 부두에 화물 적재 ···→ 통관 ···→
국내운송 ···→ 인수

※ 진하게 표시한 부분이 FAS하에서 수출자가 부담하는 비용과 책임이다.

여기서 선측이라는 의미는 배가 정박해 있는 부두 바로 옆을
의미하는 것이 아닌 정박 예정인 부두나 바다에 떠 있는 배까지
화물을 실어 나를 바지선을 뜻한다. 수출 선박이 커서 배가 항구
에 정박하지 못하는 경우, 바지선에 벌크화물을 적재함으로써
수출자의 비용과 책임은 끝나고, 이후 발생하는 모든 위험과 비
용은 수입자의 몫이다. 이때 수출통관은 수출자가 진행한다. 다
음은 이해를 돕기 위한 사례이니 참고하자.

수입자인 미국의 GU ENG는 수출자인 한국의 SUNGWOO
TRADING에게 석탄을 구매하기로 했다. 석탄은 부산항에 있
는 배에 실어 미국까지 운송하기로 했다. 미국까지 선박운송
료는 GU ENG에서 부담하기로 했다. 석탄은 벌크화물이므로
SUNGWOO TRADING은 선박이 들어올 예정인 벌크화물 부두
까지 석탄을 운송했다. 이후 수출선박이 부두에 정박했고, 적
재는 선박에 있는 벌크화물 크레인으로 진행했다. SUNGWOO
TRADING은 부두에 석탄을 가져다 놓는 것까지만 했으므로 이

후 발생하는 크레인 사용비나 위험은 GU ENG가 부담한다. 그
래서 'FAS BUSAN'이라고 가격조건을 작성했다.

4. FOB

이번에는 수출자가 선적을 하겠다고 한다. 즉 선적시 드는 비
용과 위험을 수출자가 부담하기로 한 것이다. 이때 사용할 수 있
는 조건은 무엇인가? 그것은 바로 FOB다. FOB 조건일 때 수출
입 과정은 다음과 같다.

제품준비 ⋯▸ **국내운송** ⋯▸ **통관** ⋯▸ **수출선박 근처에 화물 적재**
⋯▸ **선적** 및 국제운송 ⋯▸ 도착 ⋯▸ 부두에 화물 적재 ⋯▸ 통관 ⋯▸
국내운송 ⋯▸ 인수
※ 진하게 표시한 부분이 FOB하에서 수출자가 부담하는 비용과 책임이다.

FOB는 'FAS＋선적'이다. 선적 이후 선박운송료는 운송사를
노미한 수입자가 부담하며, 선박에 화물을 적재한 후 발생하는
모든 비용과 위험은 수입자가 부담한다.

FAS의 경우 화물을 부두나 바지선에 올려놓는 것으로 수출자
의 비용과 책임이 끝나지만, FOB는 선적까지 수출자가 책임을
질 때 사용한다. FOB는 Free On Board의 약자로 우리말로는 본

노미란 무엇인가?

노미는 NOMINATION지명을 NOMI노미로 줄인 말로 국제운송사를 지명하는 것을 말한다. 국제운송을 할 때, 수출자가 자기가 거래하는 운송사를 이용할 수도 있지만 수입자가 자기가 거래하는 운송사를 통해 제품을 운송할 수도 있다. 수출자가 거래하는 운송사를 이용할 경우 '수출자가 선사(선박운송회사)를 노미했다.'라고 하고, 수입자가 거래하는 운송사를 이용하는 경우 '수입자가 선사를 노미했다.'라고 한다.

선인도조건이다. 즉 이 조건을 쓴다는 것은 수출자가 본선까지 비용이나 위험에 대한 책임을 지겠다는 의미다.

본선인도조건에서 본선은 수출화물을 해외로 운송하는 배를 말한다. 참고로 FAS에서 나오는 바지선은 본선이 아니고 화물을 수출선박에 싣기 위해 사용되는 작은 배다.

FOB는 무역에서 대표적으로 많이 쓰이는 조건으로 일종의 착불 개념이다. 외국까지 가는 선박운송료를 수입자가 부담할 때 쓰는 조건이다. 즉 선적이 되면 그 이후부터 발생하는 비용 및 위험은 수입자의 몫이다. FOB는 FAS와 같이 운송할 화물이 벌크화물일 때 주로 사용되며, 수출자가 화물을 배 옆에 적재만 하겠다는 의미일 때 FAS를, 여기에 배에 선적하는 비용과 위험을 부담하겠다는 의미일 때 FOB를 쓴다.

위험이란 무엇인가?

앞서 비용과 위험(혹은 책임)을 부담한다고 말했는데, 위험(혹은 책임)은 무엇을 이야기하는 것일까? 화물은 운송중이거나 적재중에 떨어뜨릴 수 있어 파손의 위험이 있다. 예를 들어 크레인으로 배 옆에 있는 화물을 배에 싣다가 떨어뜨린 경우 책임은 크레인 회사에게 있다. 이때 누가 크레인 회사에게 손해배상을 요구해야 할까? 비용과 책임을 부담하는 쪽이다. 수출자가 책임을 부담하는 상황에서 파손이 있었다면 수출자의 손해이고, 수입자가 부담하는 상황에서 파손되었다면 수입자의 손해이기 때문이다.

하지만 실무에서는 컨테이너화물일 때도 FOB를 쓰고 있다. FOB는 배 옆에 있는 화물을 배에 선적함으로써 운송사에게 넘겨주는 것이다. 그런데 컨테이너화물은 배에 선적하기 전에 운송사가 지정한 CY나 CFS에 화물을 넘겨주는 것으로, 이때 운송사에게 화물을 넘겨주기 때문에 사실 FOB를 쓰는 것은 적절하지 않아 보인다. 컨테이너의 경우 운송인의 CY나 CFS로 화물을 넘겨주는 FCA 조건이 적절하다. 그러나 실무에서는 벌크화물이든 컨테이너화물이든 선적까지 하면 FOB를 쓰고 있다. 쓰는 방법은 'FOB＋항구'이며, 예를 들어 부산항에 화물을 선적한다는 의미일 경우 'FOB BUSAN'이라고 쓰면 된다.

5. CFR (현불)

이번에는 다음과 같이 국제운송까지 수출자가 책임질 때 쓸 수 있는 조건인 CFR에 대해 알아보자.

제품준비 ⋯▶ 국내운송 ⋯▶ 통관 ⋯▶ 수출선박 근처 부두에 화물 적재 ⋯▶ 선적 및 국제운송 ⋯▶ 도착 ⋯▶ 부두에 화물 적재 ⋯▶ 통관 ⋯▶ 국내운송 ⋯▶ 인수

※ 진하게 표시한 부분이 CFR하에서 수출자가 부담하는 비용이다. 책임은 선적과 함께 수입자의 몫이 된다.

CFR은 Cost and Freight의 약자로 우리말로는 운임포함조건이라 한다. 'CFR NAGOYA(나고야까지 발생하는 국제운송료와 비용은 수출자가 부담한다. 소위 말하는 현불의 개념이다)'와 같이 'CFR+목적항'으로 사용한다. 여기서 주의해야 할 점은 수출자가 화물을 선적, 즉 국제운송사에게 화물을 인계함으로써 수출자의 책임은 끝난다는 점이다. 참고로 통관은 수출자가 한다.

CFR은 원래 벌크화물에 쓰이는 조건이다. 벌크화물을 선측에 두었다가FAS 선적FOB한 후 운송CFR하는 순서다. CFR에서 수출자는 선적을 함으로써 그 책임이 끝난다. 하지만 컨테이너화물은 수입자가 고용한 운송회사의 CY나 CFS에 화물을 인계해야 하므로, 컨테이너화물은 내용적으로 CFR을 쓸 수 없다. 하지만 실

무에서는 CFR을 현물의 개념으로 벌크화물과 컨테이너화물을 구분하지 않고 모두 사용하고 있다.

6. CPT

FCA는 수입자의 운송인에게 화물을 넘길 때 수출자의 비용 부담과 책임은 끝이 난다. 그런데 여기서 수출자가 운송료까지 부담하겠다고 한다면, 이때 쓸 수 있는 조건은 무엇인가? CPT를 사용하면 된다. 이에 대한 과정을 도식화하면 다음과 같다.

제품준비 ⋯ **국내운송** ⋯ **통관** ⋯ **컨테이너를 CY에 적재**(작은 화물은 CFS로 갔다 CY로 이동) ⋯ **선적 및 국제운송** ⋯ 도착 ⋯ 컨테이너를 CY에 적재 후 부두에 화물 적재 ⋯ 통관 ⋯ 국내 운송 ⋯ 인수

※ 진하게 표시한 부분이 CPT하에서 수출자가 부담하는 비용이다. 운송인에게 화물을 넘기면서 책임은 수입자의 몫이 된다.

CPT는 Carriage Paid To의 약어로, To 다음에 오는 장소까지 수출자가 운송비Carriage를 부담하겠다는 것이다. 하지만 수출자의 책임은 운송인에게 화물을 전달, 즉 CY나 CFS까지 화물을 운송하는 것으로 끝나게 되니 유념해두자.

작성은 'CPT + 지정목적지'라고 쓰면 된다. 예를 들어 'CPT NAGOYA AIRPORT'라고 쓰면 수입지 공항인 나고야까지의 운

송료는 수출자가 부담하지만 수출자가 운송회사의 공항창고에 화물을 입고시킴으로써 수출자의 책임은 끝나게 됨을 의미한다.

CPT는 CFR과 유사하지만 CFR의 경우는 화물을 선적하면서 수출자의 책임이 끝나고, CPT는 지정된 장소에서 운송인에게 전달하면서 수출자의 책임은 끝나는 점이 다르다. 즉 운송인의 CY나 CFS 또는 항공터미널 등에 화물을 인계함으로써 수출자의 책임은 끝나게 된다. 이러한 특성 때문에 FAS, FOB, CFR, CIF는 벌크화물에 쓰고, FCA, CPT, 그리고 뒤에 나올 CIP는 컨테이너나 항공화물에 쓰도록 만들어졌다. 하지만 실무에서는 FCA, CPT, CIP를 써야 하는 상황에서도 FOB, CFR, CIF가 쓰이고 있다는 점을 잘 기억하자.

7. CIF

'FAS →FOB →CFR' 순으로 수출자의 책임과 비용이 증가하고 있다. 이번에는 CIF에 대해 알아보자. 그 과정은 다음과 같다.

제품준비 ┄> 국내운송 ┄> 통관 ┄> 수출선박 근처부두에 화물 적재 ┄> 선적 및 국제운송 ┄> 수입지 항구에 도착 ┄> 부두에 화물 적재 ┄> 통관 ┄> 국내운송 ┄> 인수

※ 진하게 표시한 부분이 CIF하에서 수출자가 부담하는 비용이다. 책임은 선적과 함께 수입자의 몫이 된다. 수출자는 적하보험에 가입한다.

적하보험

'CFR+보험료'에서 보험은 적하보험을 말하며 수출자 적하보험에 가입해야 한다. 적하라는 말은 쌓는다는 뜻의 '적積'과 화물을 이르는 '하荷'로 이루어진 말로, 적하보험은 비행기나 배에 실린 화물에 대해 드는 보험을 말한다.

CIF는 'CFR+적하보험료'로 간단히 설명할 수 있으며 수출자가 수입지 항구까지의 운송시 생길 수 있는 화물 파손에 대해 보험을 가입하는 것이다. CFR과 마찬가지로 수출자가 수입지 항구까지 운송료를 부담하지만 선적과 동시에 수출자의 책임은 끝난다. 그리고 가입된 보험은 사고 발생시 수입자가 보험금을 받게 된다.

작성은 'CIF+도착항'으로 쓴다. 예를 들어 'CIF NAGOYA'라고 쓰면, 수출자는 수입지 항구인 나고야항까지의 운송료를 부담하고 수입자를 위해 적하보험에 가입하지만 선박에 화물을 적재함으로써 수출자의 책임은 끝남을 의미한다.

8. CIP

컨테이너나 항공운송으로 수출하는 수출자가 이번에는 국제운송료에 대한 적하보험에 가입하겠다고 수입자와 합의한다. 이때 쓰는 조건인 CIP를 알아보자. 이에 대한 수출입 과정을 먼저 살펴보면 다음과 같다.

제품준비 ···▸ 국내운송 ···▸ 통관 ···▸ 컨테이너를 CY에 적재(작은 화물은 CFS로 갔다 CY로 이동) ···▸ 선적 및 국제운송(적하보험가입) ···▸ 항구나 공항에 도착 ···▸ 컨테이너를 CY에 적재 후 부두에 화물 적재 ···▸ 통관 ···▸ 국내운송 ···▸ 인수(작은 화물은 CY에 갔다가 CFS에서 업체별 화물 분류)

※ 진하게 표시한 부분이 CIP하에서 수출자가 부담하는 비용이다. 운송인에게 화물을 넘기면서 책임은 수입자의 몫이 된다.
항공운송에서는 CY나 CFS 대신 공항화물창고에 적재한다.

CIP는 Carriage and Insurance Paid to의 약자로 to 다음에 오는 지역까지 운송료를 지불하고 보험에 가입하는 조건이라는 뜻이다. 'CIP=CPT+적하보험가입'으로 간단히 설명할 수 있으며, 작성은 'CIP+수출자가 수입자와 운송하기로 한 목적지(보통은 항구나 공항)'로 쓴다. 하지만 CIP 역시 CPT처럼 수입자 운송인에게 화물을 인계함으로써 수출자의 책임은 끝난다. 예를 들어 'CIP NAGOYA AIRPORT' 또는 'CIP NAGOYA'라고 쓰면 수출자는 나고야 공항 또는 나고야항까지 운송료를 지불하고 화물에 대한 보험에 가입한다는 의미다.

> **CIP NAGOYA와 CIP NAGOYA AIRPORT의 차이**
>
> 한 도시에 공항과 항구가 모두 있는 경우 헷갈리지 않도록 NAGOYA AIRPORT 등과 같이 구별하도록 한다. 항구는 보통 따로 표시하지 않는다. 예) CIP NAGOYA(나고야항까지 운송료 보험을 수출자 쪽에서 진행한다)

9. DAT

이번에 수출자는 수입지의 도착 항구(혹은 공항) 터미널의 부두나 CY 또는 벌크화물 전용 부두까지 비용과 책임을 부담하기로 한다. 이때 사용하는 조건은 무엇인가? 바로 DAT다.

> **제품준비 ···> 국내운송 ···> 통관 ···> 터미널에 화물 적재 ···> 선적 및 국제운송 ···> 항구나 공항에 도착 ···> 터미널에 화물 적재 ···>** 통관 ···> 국내운송 ···> 인수
>
> ※ 진하게 표시한 부분이 DAT하에서 수출자가 부담하는 비용과 책임이다.

DAT를 이해하기 위해서는 우선 터미널이 무엇인지 알아야 한다. 비슷한 예로 다른 지역을 가기 위해 이용하는 고속버스 터미널을 살펴보자. 고속버스 터미널에는 버스표를 사는 매표소와 버스를 타기 위해 대기하는 대합실, 버스가 주차하는 승차장이 있다. 승차장으로 정해진 시간에 버스가 들어오면 대합실에 있

던 승객들은 버스를 탄다. 이 터미널을 여객 터미널이라고 한다.

그렇다면 화물과 관련된 항구나 공항 터미널은 무엇인가? 고속버스 터미널과 마찬가지로 배나 비행기가 정거하는 장소가 있는데, 배의 경우에는 부두가 된다. 그리고 컨테이너를 두는 CY나 컨테이너에 넣기 전 화물을 모아두는 CFS 또는 비행기에 실을 화물을 모아두는 화물 터미널 등이 있다. 참고로 유럽의 경우에는 많은 나라들이 국경을 마주하고 있어 기차나 트럭 등으로 수출·수입화물이 운송되기 때문에 철도나 도로 터미널 등이 있다. 즉 DAT 조건은 기차·트럭·배·비행기 등 터미널과 관련된 모든 조건에 쓸 수 있다.

DAT는 Delivered At Terminal의 약자로 수출자는 터미널까지 화물을 운송하며 이때 발생하는 비용과 책임을 수출자가 부담하는 것이다. 수입자가 화물을 인수하기 위해서는 터미널에서 통관을 해야 하는데, 이때 통관을 수입자가 진행한다. 계약서나 프로포마 인보이스에는 'DAT＋도착지 터미널(혹은 목적항)'이라고 쓴다. 예를 들어 'DAT NAGOYA'라고 쓰면 수출자는 나고야항 터미널까지 화물을 배송하는 데 드는 비용과 책임을 부담한다는 의미다.

터미널에는 CY, CFS, 벌크화물 전용 부두, 항공화물 터미널 등 다양하므로 DAT와 함께 터미널의 어디까지 화물을 배송하는지에 대해 자세히 기재해야 책임 소재를 분명히 할 수 있다.

10. DAP

SUNGWOO TRADING은 미국의 GU ENG의 물류 창고까지 화물을 배송하기로 하고, 배송 때 드는 비용과 책임은 SUNGWOO TRADING이 부담하기로 했다. 수입지에서의 통관은 GU ENG에서 하기로 했다. 이때 사용할 수 있는 조건에는 DAP가 있다. DAP 관련 수출입 과정은 다음과 같다.

제품준비 ⋯> **국내운송** ⋯> **통관** ⋯> **터미널에 화물 적재** ⋯> **선적 및 국제운송** ⋯> **항구나 공항에 도착** ⋯> **터미널에 화물 적재** ⋯> **통관** ⋯> **국내운송** ⋯> 인수

※ 진하게 표시한 부분이 DAP하에서 수출자가 부담하는 비용과 책임이다.

DAP는 Delivered At Place의 약자로 수입자가 요청하는 특정 장소에at place 화물을 배송하는 것으로 수출자의 책임과 비용이 끝난다. 화물을 특정 장소까지 배송한다는 것일 뿐 화물을 내릴 의무까지는 없다. 작성방법은 'DAP + 지정장소'로 기재한다. 예를 들어 'DAP THE WAREHOUSE OF GU ENG IN CALIFORNIA'라고 쓰면 SUNGWOO TRADING은 캘리포니아에 있는 GU ENG의 창고까지 물건을 배송하며, 배송시 발생하는 비용과 책임을 부담한다는 의미다. 특정 장소에 대한 자세한 표기를 계약서 등에 표기해놓아야 나중에 분쟁의 소지가 없다.

11. DDP

수출자가 수입자에게 화물을 전달하기까지 드는 비용과 책임을 모두 부담하기로 한다면, 이때 사용하는 조건은 무엇인가? 바로 DDP다.

제품준비 ···→ 국내운송 ···→ 통관 ···→ 터미널에 화물 적재 ···→ 선적 및 국제운송 ···→ 항구나 공항에 도착 ···→ 터미널에 화물 적재 ···→ 통관 ···→ 국내운송 ···→ 인수

※ 진하게 표시한 부분이 DDP하에서 수출자가 부담하는 비용과 책임이다.

DDP는 Delivered Duty Paid의 약자로 쉽게 말해서 'DAP + 통관'이다. 즉 수출자는 특정 장소까지 화물을 배송하고, 수입통관을 진행하며, 통관시 발생하는 세금도 수출자가 부담하는 것이다. 작성방법은 'DDP + 지정장소'로 기재하며, DAP처럼 지정장소를 자세히 기재해야 나중에 화물 배송 장소에 대한 분쟁을 예방할 수 있다.

여기까지가 인코텀즈에 대한 자세한 내용이다. 무역에서 가장 중요한 것 중 하나가 인코텀즈의 가격조건이다. 왜냐하면 FOB와 같이 수입자가 운송비를 내는 조건인데, 수출자가 운송비를 내는 것이라 착각했을 경우 수입자는 손해를 볼 수 있기 때문이

다. 이러한 가격조건은 대표적으로 견적서, 발주서, 통관에 쓰이는 인보이스invoice에서 가격을 표시할 때 쓰인다.

책으로만 무역을 공부할 경우 많은 사람들이 인코텀즈를 어려워하는데, 그것은 수출입 과정과 용어에 대한 어려움 때문이다. 아무쪼록 인코텀즈를 잘 이해하는 시간이 되었으면 한다.

싸움은 말리고 흥정은 붙이자, 무역분쟁

서로 가까운 사람들끼리도 다툴 수 있다. 학교에서도 앞뒤에 앉은 친구들끼리 사소한 말다툼으로 싸움이 날 수 있다. 이처럼 같은 언어를 쓰며 같은 공간에 있더라도 싸우게 되는데, 해외에서 다른 언어를 쓰는 사람과 때로는 몇 년 동안 얼굴 한 번 마주하지 않고 거래하는 관계라면 사소한 문제가 분쟁을 야기할 수도 있다. 수출된 제품 수량이 발주한 것보다 적다든지, 제품 몇 개에서 불량이 발생했다든지 하는 문제는 일반적으로 다음 발주 때 보충하거나 불량 수량만큼 대체해주면 된다. 하지만 경우에 따라서는 사소한 문제 때문에 서로가 얼굴을 붉히게 되어 거래를 중단하거나 법원에서 시시비비를 가리기도 한다. 또는 국제상사중재원과 같은 기관을 통해 법의 힘을 빌리지 않고 서로 간에 합의에 이르도록 중간에서 조율을 하기도 한다.

국가 간의 다양한 분쟁은 어제오늘 일이 아니며 이러한 잡음을 어느 정도 해소하기 위해 나온 것이 인코텀즈다. 인코텀즈는 문제가 생겼을 때, 수출자의 잘못과 수입자의 잘못을 가려주기 때문에 사건을 훨씬 쉽게 해결해준다. 또한 변호사의 도움을 받아서 세밀하게 매매 계약서를 작성하는 것도 분쟁을 방지하는 데 많은 도움이 된다.

하지만 이러한 노력들을 기울여도 분쟁은 생길 수 있고, 예상치 못한 문제가 발생할 수도 있다. 제일 좋은 방법은 서로의 힘(수출자는 최고의 제품을, 수입자는 구매력)을 기르는 것과 어느 정도의 사소한 문제들은 좋게 넘어갈 수 있는 좋은 관계를 만드는 것이다. 우리말에 흥정은 붙이고 싸움은 말리라고 했다. 무역 업무를 진행하는 수입자와 수출자는 서로 좋은 관계가 되도록 자주 만나고 좋은 이야기를 나누는 등 노력해야 한다.

무역이 어렵게 느껴지는 이유 중 하나는 통관 때문이다. 원래 잘하던 일도 누가 옆에 있으면 이상하게 틀리는 부분이 생기기 마련인데, 국가의 제품검사를 받는 통관의 경우 좀더 신경이 쓰이는 게 당연하다. 이 장에서는 어떻게 하면 통관을 문제없이 진행해 제품을 수출할 수 있는지 알아본다.

수출입 과정: 발주 → 국내운송 → **수출통관** → 국제운송 → 수입지 항구(혹은 공항)에 도착 → 수입통관 → 국내운송 및 화물 인수

수출통관과 수출신고,
수출검사는 한 세트다

이렇게 하면 누구나
수출통관을 할 수 있다

앞서 우리는 수출입 과정과 주문서, 발주서, 그리고 견적서 작성에 대해 배웠다. 발주가 되면 수출자는 제품을 준비해 항구나 공항까지 선적을 하는데, 이러한 과정은 화물을 배나 비행기에 싣기 위해서다. 하지만 배나 비행기에 화물이 실리기 전에 반드시 거쳐야 하는 과정이 또 하나 있다. 바로 '통관'이다.

통관에 대해 자세히 알아보기 전에 제품이 수출입되는 과정을 다시 한 번 정리해보자.

- **주문**: 발주를 받고 제품을 생산하거나 구매해 수출에 대비한다.
- **국내운송**: 준비된 제품은 트럭 등에 실려서 항구나 공항까지 배송된다.
- **수출통관**: 배나 비행기에 제품이 선적되기 전에 수출통관을 진행한다.
- **배나 비행기에 선적 및 운송**: 화물을 선적해 수입지 항구나 공항으로 출발한다.
- **도착 및 터미널로 이송**: 항구나 공항에 도착하면 화물은 CY나 공항화물창고로 이송한다.
- **수입통관**: 수입된 제품을 인수하기 위해서는 수입통관이 되어야 한다.
- **국내운송**: 통관이 완료된 제품은 트럭 등에 실려서 수입자가 요청하는 창고 등으로 배송한다.
- **인수**: 도착된 화물을 인수한다.

수출통관이 가장 쉬운 방법, 이용하라

수출통관은 수출제품이 수출을 위해 비행기나 배에 실리 전에 받게 되는 절차다. 이 과정 없이 수출제품은 절대 수출될 수 없다(수입 때도 통관의 과정이 있는데, 수출통관과 마찬가지로 수입통관을 거치지 않으면 절대로 물건을 인수할 수 없다).

실제로 이 과정은 보통 서류심사 등으로 끝나기 때문에 서류만 잘 준비해서 제출하면 된다. 하지만 경우에 따라서는 서류로 끝나지 않을 때도 있고, 시간과 비용을 절약하기 위해 전문가에게 맡길 때도 있다. 업체들은 보통 관세사라는 통관 전문가에게 통관을 요청한다.

통관에 필요한 서류에는 대표적으로 '인보이스'와 '패킹리스트'가 있으며, 제품에 따라서 추가적인 서류를 요청하기도 한다. 즉 인보이스와 패킹리스트와 같은 서류를 관세사에게 전달하면 관세사가 알아서 통관을 해주고, 통관이 완료되면 수출자는 물건을 비행기나 배에 실어서 수입지로 보내면 된다.

이렇게 간단히 관세사를 통해서 해결할 수 있음에도 통관에 대해서 알아야 하는 것은 왜일까? 일은 관세사가 처리한다 하더라고 그것을 관리하는 사람은 무역 실무자다. 일이 잘 진행되고 있는지, 실수는 없는지 확인하고 문제가 있을 경우 이를 바로잡기 위해서는 무역실무자 본인도 통관에 대해 제대로 알아야 한다. 통관에 대해 잘 익혀서 실수가 있더라도 이를 수정할 수 있는 역량을 키우도록 하자.

사람은 출국심사, 물건은 통관심사

누군가 해외여행을 계획했다면 비행기를 타기 전 반드시 거치는 과정이 있다. 바로 출국심사다. 출국심사는 이 사람이 왜 해외로 가는지 등에 대해 국가가 검사하는 것으로, 기본적으로 여권과 비행기표를 가지고 있어야 한다. 출국심사가 끝나면 여권에 도장을 받고 나서야 탑승할 비행기가 있는 게이트로 갈 수 있다. 출국심사를 위해 우리는 여권과 비행기표를 들고 공항에 있는 심사대에서 출국심사를 받는다. 출국 심사를 진행하는 출입국 관리소에서는 어느 나라를 왜 가는지, 그리고 여권사진과 실제 출국하는 사람이 동일인인지 확인한다. 여권과 비행기표를 확인한 후에는 여권에 출국해도 좋다는 도장을 찍어준다. 이 과정을 통과해야 외국으로 가는 비행기를 탈 수 있다.

이렇듯 물건이든 사람이든 외국으로 나가기 위해서는 검사를 받아야 하는데, 사람이 받는 검사는 출국심사, 물건이 받는 검사는 통관검사라 한다. 통관은 관關을 통과한다通는 뜻으로, 여기서 관은 수출입되는 제품을 검사하는 세관을 의미한다. 모든 수출입 제품은 세관의 검사를 거쳐야 하는데 이때 받는 검사가 통관검사다. 수출입 과정을 보면 2번의 통관이 나오는데, 수출될 때 하는 통관을 수출통관, 수입될 때 하는 통관을 수입통관이라 한다.

통관의 2종 세트, 인보이스와 패킹리스트

사람이 출국할 때 받는 출국심사와 물건이 수출될 때 받는 수출통관 검사에는 많은 유사점이 있다. 즉 출국심사 때는 여권과 비행기표가 필요하듯이 물건이 수출통관 검사를 받을 때도 서류가 필요한데, 여기에는 대표적으로 인보이스Commercial Invoice와 패킹리스트Packing List가 필요하다. 출국심사 때 제출하는 여권과 비행기표로 출국하는 사람에 대해서 확인할 수 있듯이, 인보이스와 패킹리스트로 수출되는 제품이 어느 나라로 가는지, 수출되는 물건은 무엇이고 가격은 얼마이고, 수량은 몇 개인지 물건에 대한 신상을 파악할 수 있다.

관세사는 수출자에게 팩스나 이메일로 인보이스와 패킹리스트를 받아서 온라인으로 세관에 제출해 제품 수출신고를 한다. 그다음 세관에서 인보이스와 패킹리스트 등을 확인한 후 수출신고필증을 발행해 수출신고가 완료되면 운송회사는 화물을 선적해 수출한다.

수출신고필증

세관이 수출서류 검토를 완료했을 때 발행하는 증명서가 수출신고필증이다. 세관에서 발행된 신고필증은 관세청 전자통관시스템(portal.customs.go.kr)에서 확인 및 발행이 가능하다. 수출신고필증이 발행되지 않으면, 즉 수출신고가 완료되지 않으면 화물을 배나 비행기에 실을 수 없다.

수출신고필증에 기재되는 내용은 다음 장에 나오는 '수출통관 서류, 이렇게 작성하거나 확인하면 된다'를 참조하기 바란다. 참고로 수출신고 후 30일 내에는 배나 비행기에 화물을 선적하거나 그렇지 않으면 연장 신청 등을 해야 한다.

수출금지 또는 수출제한: 수출입 요건을 알아보자

우리나라는 수출로 성장하는 국가이기에 수출을 장려하므로 수출신고가 그렇게 까다롭지는 않다. 하지만 모든 제품을 수출할 수 있는 것은 아니다. 대부분의 사람은 비행기표와 여권이 있으면 출입국 심사 후 해외로 나갈 수 있다. 하지만 세금을 제대로 내지 않거나 범법자 등의 이유로 출국을 할 수 없도록 출국금지를 내리기도 한다.

사람이 외국으로 나가지 못하도록 하는 출국금지가 있는 것처럼 몇몇 물건에 대해서도 여러 가지 이유로 수출을 제한하거나 금지하는 경우가 있다. 주로 마약류 등이 수출금지 품목이며, 경주마나 과일 등에 대해서는 허가를 받아야 수출이 가능하다. 수출금지나 제한 품목은 인터넷을 통해서 확인이 가능하다.

간단히 확인해보는 수출제한 금지 품목

인터넷에서 수출제한 금지 품목을 확인하는 방법은 간단하다.

① 관세청(www.customs.go.kr)에 접속한다. 그리고 상단 메뉴 중 '관세행정안내'를 클릭한다.

② 왼쪽 메뉴 중 '수출입요건확인'을 클릭한다.

③ 중앙에 있는 첨부파일 다운로드에서 '수출 요건 확인 품목'을 다운로드받아서 수출 요건 품목을 확인한다.

수출 요건 확인 품목을 다운받는 방법을 살펴보았으니 제품을 수출해도 되는지 아닌지 확인해보려고 한다. 그런데 막상 확인을 해보려니 제품의 종류도 많고 세부적인데다 내용도 많아서 하나하나 읽기가 힘들다. 과연 어느 것이 내 제품에 대한 정보인지 확인하기가 참 어려워보인다. 통관 전문가인 관세사에게 물어보면 답이 나올까 싶어 연락해보니 HS CODE가 어떻게 되냐고 묻는다. 그런데 HS CODE는 무엇일까?

사람은 주민등록번호, 수출화물은 세번 또는 HS CODE

우리나라 사람이라면 누구나 주민등록번호를 가지고 있다. 어떻게 보면 사람을 숫자로 분류해놓았다 할 수 있다. 자동차의 경우에는 차량번호가 있는데, 이 차량번호로 특정 기준에 따라 자동차를 분류한다.

무역에서도 숫자로 수출입 화물을 분류하는데 이것을 'HS CODE'라 한다. HS CODE는 Harmonized Commodity Description and Coding System의 약자로 국제통일상품분류체계를 말하며, 간단하게 품목분류번호라고도 한다. HS CODE로 관세 확인도 가능하므로 관세를 찾기 위한 번호라는 의미로 HS CODE를 '세번'이라고도 한다.

제품을 분류해 숫자로 표기하는 HS CODE는 국제협약으로 체결되었으며, 다음과 같이 총 10개의 숫자로 구성된다. 예를 들어 고등어의 경우 0302440000으로 구성되는데, 03은 어패류, 0302는 신선 또는 냉장한 어류를 가리킨다. 즉 고등어의 HS CODE로 앞에서 배웠던 수출 요건 확인 품목을 통해 수출하는 고등어가 수출가능 품목인지 또는 제한·금지 품목인지 확인할 수 있다.

HS CODE는 수입할 때도 이용되는데, 수입시 관세 확인 등도 HS CODE가 있어야 정확하게 알 수 있다.

HS CODE 또는 품목분류는 누가 해주는 것인가?

수출이나 수입을 하는 사람들은 자기가 취급하는 제품에 대한 HS CODE를 반드시 알고 있어야 한다. 왜냐하면 수출통관을 할 때도 세관에서는 '고등어' '냉장고'와 같이 일반적인 제품의 이름이 아닌 HS CODE, 즉 숫자를 가지고 검사를 하기 때문이다. 그렇다면 이렇게 중요한 HS CODE는 누가 정해주는 것인가?

HS CODE는 보통 3가지 방법으로 확인할 수 있다. 첫 번째는 직접 확인하는 것이다. 관세청 사이트에 있는 품목분류에서 자신의 제품에 대한 HS CODE를 확인해보면 된다. 하지만 제품에 대한 분류가 복잡하기 때문에 잘못 선택할 가능성도 있다.

두 번째는 관세사에게 자신이 취급하는 제품에 대한 HS CODE를 찾아달라고 하는 것이다. 이 경우 좀더 전문적으로 확인할 수 있다.

세 번째는 관세청에 품목분류 요청을 하는 것이다. 관세청에 문의하는 것이기 때문에 가장 정확하게 HS CODE를 확인할 수 있다.

이상이 수출통관에 대한 간략한 이론이다. 이제 실무적인 서류 작성에 대해서 배워보기로 하겠다.

인터넷으로 HS CODE 확인하기

과거에는 수백 페이지로 된 HS CODE 책을 사서 제품의 HS CODE를 확인해야 했다. 하지만 지금은 인터넷에 HS CODE 또는 품목분류표가 있어서 필요할 때 언제든지 HS CODE를 확인할 수 있다. 다음은 품목분류표 확인방법이다.

① 인터넷 검색창에서 관세청 전자통관시스템을 검색한다.

② 유니패스라고도 불리는 관세청 전자통관시스템에서 중앙에 있는 '품목분류정보'를 클릭한다.

③ 오른쪽에 있는 '품목분류검색'을 클릭한다.

④ 각 품목별로 숫자가 부여된 것을 볼 수 있다. 품목분류에 나와 있는 제품을 클릭하면 세부내역을 볼 수 있다.

위의 화면에서 점선으로 표시된 부분이 국제협약에 의해 분류된 제품을 숫자로 표기해놓은 품목분류표, 즉 HS CODE다.

수출통관서류,
이렇게 작성하면 된다

수출통관을 할 때 필요한 대표적인 서류에는 인보이스와 패킹리스트가 있다. 수출자는 인보이스와 패킹리스트를 관세사에게 보내서 통관을 진행하면 된다. 이 장에서는 인보이스와 패킹리스트의 작성방법을 살펴볼 것이다. 두 서류는 수출통관시 꼭 필요한 서류이니 잘 알아두도록 하자.

인보이스를 작성해보자

양식은 없고 필요한 내용만 기재하면 된다. 인보이스에 기재되는 내용은 앞서 배운 프로포마 인보이스와 비슷한데, 프로포마 인보이스의 내용을 잘 이해했다면 인보이스의 작성도 크게 힘들지는 않을 것이다. 인보이스의 주요 내용은 다음과 같다.

- 제목: COMMERCIAL INVOICE

- 누가SHIPPER: SUNGWOO TRADING

- 누구에게CONSIGNEE: GU ENG

- 추가 통지인NOTIFY PARTY(받는 사람 외에 알려야 될 필요가 있을 경우):

  SAME AS ABOVE(위와 같음. 즉 받는 사람 외에 알려야 할 사람 없음)

- 기타REMAKS: 기타 참고사항

- 선적항PORT OF LOADING: INCHEON, KOREA

- 도착항FINAL DESTINATION: LA, USA

- 제품설명DESCRIPTION: REFRIGERATOR CK220

- 수량QUANTITY: 20

- 단가UNIT PRICE: USD500.00

- 금액AMOUNT: USD10,000.00

: 인보이스 작성 예시 :

COMMERCIAL INVOICE(제목)

SHIPPER / EXPORTER (보내는 쪽의 이름과 연락처 기재) SUNGWOO TRADING GURO-DONG, GURO-GU, SEOUL, KOREA TEL : +82-2-000-0000 FAX : +82-2-000-0001	No. & date of invoice(발주번호와 작성일자 기재) SW-01　　　　NOV. 11, 2015
	Order No. & Date (PI번호, 작성자가 관리하는 번호 및 작성일자 기재) PI1501110　　　NOV. 10, 2015

For account & risk of Messers. (받는 쪽의 이름과 연락처 기재) GU ENG CALIFORNIA, USA TEL : +1-734-000-0000 FAX : +1-734-000-0001	remarks(기타 참고사항)
Notify party SAME AS ABOVE [수입자 외에 알려야 할 상대가 있으면 기재한다. 여기서 는 GU ENG 외에 알려야 할 곳이 없으므로 'SAME AS ABOVE(상기와 동일)'라고 기재함]	

Port of Loading INCHEON, KOREA (선적항)	Final destination LA, USA (도착항)
Carrier (선박의 명칭을 쓰는 곳)	Sailing on or about DEC. 20, 2015 (선적일자 기재)

Description of Goods (제품설명 기재란) REFRIGERATOR　　CK220		Quantity/unit (수량 기재) 20	Unit price (단가 기재) USD500.00	Amount (총 금액 기재) USD10,000.00

Total Amount :　　FOB INCHON　　USD10,000.00
(전체 금액 기재)　　(인코텀즈에 대해서　(총 금액 기재)
　　　　　　　　　는 3일차의 '운송비
　　　　　　　　　별도와 인코텀즈'에
　　　　　　　　　자세히 나와 있다)

Kuyongsik

Signed By _____

SUNGWOO TRADING
(서류에는 보통 대표자가 사인을 하는
데 매번 사인이 번거로우므로 사인을
도장으로 만들어서 찍거나 찍은 도장
을 컴퓨터에 저장해서 사용한다)

참고로 HS CODE는 통관을 위해 인보이스의 빈 공간에 기재하거나 관세사에게 이메일 등으로 알려준다.

- **넓은 의미의 수출**: 일반적으로 수출이라고 하면 물건을 해외로 파는 것만을 생각하기 쉬운데, 파는 물건뿐만 아니라 해외로 보내는 샘플이나 카탈로그와 같은 공짜 제품도 수출이다. 그러므로 샘플 등에 대해서도 인보이스를 작성해야 한다.
- **카탈로그와 샘플의 가이드라인**: 대부분의 수입 제품은 관세가 부과된다. 하지만 일정 금액 이하의 제품에 대해서는 면세가 되므로 경우에 따라서는 수입자와 협의해 가격을 정하면 된다.

언더밸류는 불법이다

특별한 경우를 제외하고 대부분의 수입 제품에 대해서는 여러 가지 이유로 관세가 붙는다. 예를 들어 우리나라 쌀 농가 보호를 위해 수입 쌀에 높은 관세를 부과하는 것이 그 예다. 마찬가지로 우리가 수출하는 제품에 대해서도 수입지에서 관세가 부과되는데, 이 관세는 인보이스에 적혀 있는 금액(이것을 인보이스 밸류Invoice Value라고도 한다)의 몇 퍼센트 선에서 결정된다.

그래서 일부 바이어 쪽에서는 관세를 낮추기 위해 언더밸류 Under Value; 저가신고, 즉 제품가격을 낮추는 인보이스 밸류를 낮춰달

라고 하는데, 이것은 불법적인 일이므로 바이어를 잘 설득해 정
상적인 방법으로 거래를 진행하도록 한다.

인보이스를 알면 패킹리스트 작성은 간단하다

다음으로 패킹리스트에 대해 배워보도록 하겠다. 패킹리스트
의 기재 내용은 인보이스와 기본적으로 거의 같다. 차이점이라
면 인보이스에는 제품가격이, 패킹리스트에는 제품 무게가 기재
된다는 점이다. 패킹리스트의 경우 세관 외에 운송사에서도 필
요로 하는데 수출운송장과 운임 때문에 그렇다. 패킹리스트 작
성 양식은 다음(124쪽)에 제시된 '패킹리스트 작성 예시'를 참조
하길 바란다.

화물에 대한 꼬리표, 쉬핑마크

쉬핑마크는 한 컨테이너에 있는 자사의 화물과 다른 회사의
화물을 구별하기 위해 표시하는, 화물에 대한 꼬리표다. FCL(한
개의 컨테이너를 꽉 채우는 양이나 크기의 화물)과 같이 한 컨테이너에
자신의 화물만 들어가 있는 경우, 통관을 거쳐 컨테이너째로 수
입자에게 운송된다. 이 경우에는 자신의 화물을 구분해둘 필요
가 없다. 하지만 LCL(수량이 적고 크기가 작은 화물)과 같은 소량 화
물은 한 개의 컨테이너에 다른 회사 제품이 같이 섞여 있기 때문
에 CFS(LCL을 모아두는 창고다. LCL끼리 CFS에 모아두었다가 한 컨테

: 패킹리스트 작성 예시 :

PACKING LIST(제목)			
SHIPPER / EXPORTER(보내는 쪽의 이름과 연락처 기재) SUNGWOO TRADING GURO-DONG, GURO-GU, SEOUL, KOREA TEL : +82-2-000-0000 FAX : +82-2-000-0001		No. & date of invoice(발주번호와 직성일자 기재) SW-01 NOV. 11, 2015	
		Order No. & Date (PI번호, 작성자가 관리하는 번호 및 작성일자 기재) PI1501110 NOV. 10, 2015	
For account & risk of Messers. (받는 쪽의 이름과 연락처 작성) GU ENG CALIFORNIA, USA TEL : +1-734-000-0000 FAX : +1-734-000-0001		remarks(기타 참고사항)	
Notify party SAME AS ABOVE [수입자 외에 알려야 할 상대가 있으면 기재한다. 여기서 는 GU ENG 외에 알려야 할 곳이 없으므로 'SAME AS ABOVE(상기와 동일)'라고 기재함]			
Port of Loading INCHEON, KOREA (선적항)	Final destination LA, USA (도착항)		
Carrier (선박의 명칭 쓰는 곳)	Sailing on or about DEC. 20, 2015 (선적일자 기재)		
Description of Goods (제품설명 기재란) REFRIGERATOR CK220	Quantity/unit (수량 기재) 20	Net Weight (대당 무게 기재) 180KG	Gross Weight (총 무게 기재) 3,600KG
PALLET CASE: 200cm(L) x 60cm(W) x130cm(H) = 14.40CBM 　　　　　(세로)　　　(가로)　　　(높이)　　(입방미터)			
Total Weight			3,600KG (총 무게 기재)
		Signed By _____ SUNGWOO TRADING (서류에는 보통 대표자가 사인을 하는 데 매번 사인이 번거로우므로 사인을 도장으로 만들어서 찍거나 찍은 도장 을 컴퓨터에 저장해서 사용한다)	

※ 보통 패킹리스트에 쉬핑마크를 기재해 LCL 화물을 찾기 쉽도록 하기도 한다.

이너를 꽉 채운 후 CY로 이송한다)에서 화물 분류가 잘못되어 엉뚱한 곳으로 가기도 한다. 이러한 사고를 줄이기 위해 업체에서는 화물 겉면에 자사 화물에 대한 표시를 하는데, 이것을 쉬핑마크 Shipping Mark라 한다.

예를 들어 비행기를 타고 해외 공항에 도착했을 때 신경 쓰이는 일 중 하나가 바로 짐 찾기다. 여행용 짐은 대부분 비슷비슷하기 때문에 공항에서 자칫하면 남의 짐을 가져가거나 반대로 남이 내 짐을 가져가는 등 비슷한 짐들 속에서 내 것을 찾기가 곤란할 때가 있다. 이때 빨간 스카프를 짐 손잡이에 묶어두면 한결 구별하기가 쉽다.

무역을 할 때도 마찬가지다. 수출자가 포장된 화물 바깥쪽에 '내 짐'이라는 의미로 쉬핑마크와 같은 특정 표시를 해놓고, 이를 패킹리스트에 표시해놓으면 수입지에서 화물을 찾기가 훨씬 쉬워진다.

쉬핑마크는 어떻게 만드나?

쉬핑마크는 국제협약에 따라 특별히 정해진 양식은 없다. 그러니 수입자가 알기 쉽게 표시하면 된다. 예를 들어 SUNGWOO에서 총 3팔레트PALLET의 제품을 해외로 보낸다면, 다음과 같은 쉬핑마크를 수출 포장 밖에 표시하면 된다.

: 쉬핑마크 예시 :

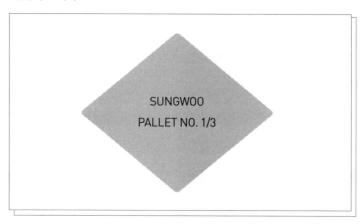

수출통관이 완료되면 받은 수출신고필증을 분석하자

　수출신고필증은 말 그대로 수출신고를 마쳤음을 증명하는 서류로 세관에서 발행한다.

　수출신고필증의 주요 내용을 알아보자(숫자는 수출신고필증에 나와 있는 동그라미 숫자 참조).

　① 신고자: 실제로 수출신고하는 업체(사람)가 기재된다. 관세사를 통해서 수출신고하면 관세사 이름이 기재된다. 예) 미래 관세사무소 김명성

　② 수출대행자: 실제 수출인을 기입한다. 예) ㈜성우

　㉙ 모델 규격: 수출자가 패킹리스트로 신고한 제품 이름 등이 기재된다. 예) REFRIGERATOR K220

　㉞ 세번부호: HS CODE가 들어간다. 예) 8418101010

: 수출신고필증 :

수출신고필증(수출이행, 갑지)

UNI-PASS

※ 처리기간 : 즉시

제출번호		⑤ 신고번호		⑥ 신고일자		⑦ 신고구분		⑧ C/S구분
① 신 고 자								
② 수출대행자 (통관고유부호)				⑨ 거래구분		⑩ 종류		⑪ 결제방법
수 출 화 주 (통관고유부호)				⑫ 목적국		⑬ 적재항 KRPUS		⑭ 선박회사
(주소)				⑮ 선박명(항공편명)		⑯ 출항예정일자		⑰ 적재예정보세구역
(대표자)				⑱ 운송형태			⑲ 검사희망일	
(사업자등록번호)				⑳ 물품소재지		/		
③ 제 조 자 (통관고유부호)				㉑ L/C번호			㉒ 물품상태	
제조장소				㉓ 사전임시개청통보여부A			㉔ 반송 사유	
④ 구 매 자 (구매자부호)				㉕ 환급신청인 (1:수출대행자/수출화주, 2:제조자) 자동간이정액환급				
●품명·규격 (란번호/총란수 : 001/001)								
㉖ 품 명						㉘ 상표명		
㉗ 거래품명								
㉙ 모델·규격				㉚ 성분		㉛ 수량(단위)	㉜ 단가(USD)	㉝ 금액(USD)
㉞ 세번부호		㉟ 순중량	2,540.5 (KG)	㊱ 수량			㊲ 신고가격(FOB)	
㊳ 송품장부호		㊴ 수입신고번호 ( )				㊵ 원산지 KR--	㊶ 포장갯수(종류)	
㊷ 수출요건확인 (발급서류명)								
㊸ 총중량	(KG)	㊹ 총포장갯수	7(GT)			㊺ 총신고가격 (FOB)		
㊻ 운임(₩)		㊼ 보험료(₩)		0		㊽ 결제금액		
㊾ 수입화물 관리번호						㊿ 컨테이너번호		N
※신고인기재란 선적기간				⑤ 세관기재란				
⑤ 운송(신고)인						⑤ 담당자		
⑤ 기간	부터	까지	⑤ 적재의무기한					

⑨ 신고가격(FOB) : 수출시에는 가격조건이 FOB로 기재되며
원화와 달러로 기재된다. 예) $10,000 / ₩11,120,000

㉛ 적재의무기한: 수출신고일로부터 선적을 해야 하는 데드
라인이다. 예) 2015/12/30

인터넷에서 확인하는 수출신고필증

발행된 수출신고필증은 인터넷으로 확인이 가능하며, 확인방법은 다음과 같다.

① 인터넷 검색창에 관세청 전자통관시스템(혹은 유니패스)을 입력한 뒤 해당 홈페이지(portal.customs.go.kr/main.html)로 들어간다.

② 홈페이지 왼쪽 상단에 아이디와 비밀번호를 입력한다. 관세청 전자통관시스템은 사용자등록을 해야 이용이 가능하다. 사용자등록은 비밀번호를 입력하는 곳 바로 밑에 있으니 참고하기 바란다.

③ 로그인을 한 후 왼쪽 중간쯤에 있는 '수출입신고필증'을 클

릭해 원하는 날짜의 수출신고필증을 확인하거나 출력하면 된다. 유니패스 관련 문의사항은 전자통관기술지원센터(1544-1285)로 전화하면 된다.

기타 무역서류 발행을 알아보자

수출시 발행하는 무역서류에는 인보이스와 패킹리스트 외에 원산지증명서와 기타 인증서가 있다. 이러한 인증서는 개인이나 기업이 작성하는 것이 아니라 공인된 기관에서 발행하는데, 대표적인 기관이 대한상공회의소다. 대한상공회의소에서 인증서를 발행하는 방법을 알아보자.

① 대한상공회의소 홈페이지(www.korcham.net)를 방문한다.

② 홈페이지 하단에 있는 무역인증을 클릭한다.

③ 왼쪽 상단에 사업자등록번호를 입력해 로그인한 후 원하는
인증서를 클릭해 발행을 요청한다. 인증서를 발급하기 위해서는
점선으로 표시한 '사용자등록'을 클릭해 사용자등록을 완료해야
한다.

원산지증명서와 식물위생증명서

무역의 특징적인 서류 2가지를 꼽으라면 원산지증명서와 식
물위생증명서가 있다. 원산지증명서는 관세와 관련된 것이고,
식물위생증명서는 나무로 된 팔레트 등에 관련된 것이다.

원산지증명서는 무엇이고, 발급은 어떻게 하는가?

원산지증명서는 말 그대로 '이 제품은 우리나라에서 만든 것
이 맞습니다.'를 증명하는 증명서다. 예를 들어 냉장고를 만드
는 한국의 SUNGWOO TRADING이 원산지증명서를 발급받았
다는 것은 SUNGWOO TRADING이 만든 냉장고는 MADE IN

KOREA가 맞다는 뜻이다. 그렇다면 왜 원산지증명서가 필요한 것일까?

어떤 제품은 수입시 관세를 부과하는데, 나라 간에 협정에 의해 특정 제품에 대해서는 관세를 낮추거나 없애기도 한다. 이때 제품이 과연 협정한 나라의 것이 맞는지는 인증서로 확인이 되는데, 대표적인 것이 원산지증명서. 영어로는 'Certificate of Origin'이라 하며 줄여서 C/O라고 적기도 한다.

수입통관시 관세를 낮추기로 한 나라의 제품이 맞는지는 원산지증명서로 확인을 하고, 원산지증명서가 없으면 다른 나라와 같은 관세를 부과하기도 한다. 그러므로 수입자 쪽에서 요청할 때는 잘 발행해주도록 하고, 자신이 수입자라면 수출자에게 잘 요청하도록 한다.

나무로 된 팔레트는 꼭 식물위생증명서를 받도록 한다.

국가 간에 이동이 가능해졌다는 것은 그동안 그 나라 안에만 있었던 병균들이 세계화되었다는 의미이기도 하다. 이는 사람에게만 국한된 것이 아니고 식물에게도 마찬가지인데, 나라별로는 이러한 식물에 의한 해를 막기 위해 식물이나 나무 또는 그것으로 만들어진 것에 대해서 수입을 제한하거나 일정한 요건을 갖추도록 하고 있다.

대표적인 것이 나무로 만든 팔레트다. 팔레트는 수출제품 포장시 쓰이는데 이때 반드시 열처리라는 것을 하게 되어 있다. 열처리 후 팔레트에는 열처리가 되었음을 증명하는 도장이 찍히게 되고, 요청에 따라 식물위생증명서를 발급받을 수 있다(실무에서는 식물위생증명서를 방역증명서라고 하며 영어로는 PHYTOSANITARY CERTIFICATE라고 한다).

점선으로 표시한 부분이
열처리가 되었다는 표시다.

열처리 업체 찾는 방법

① 농림축산검역본부(www.qia.go.kr)의 홈페이지에 들어간다.

② 상단의 메뉴 중 '식물검역'에서 목재포장재 검역 정보를 클릭한다.

③ 왼쪽의 메뉴 중 '목재포장재 열처리업체 현황'을 클릭한 후 적당한 업체를 찾도록 한다.

무역에는
이런 용어들도 있다

"백 번 듣는 것이 한 번 보는 것만 못하다."라는 속담이 있다. 이를 무역에 적용하면 "백 번 보는 것보다 한 번 해보는 것이 낫다."라는 말로 바꿀 수 있다. 실제로 해보는 것과 책만 읽는 것은 엄연히 다르기 때문이다. 책 읽기에만 그치지 말고 실무를 접해보는 기회도 가졌으면 한다.

중계무역과 중개무역

무역에는 중계무역과 중개무역이 있다. 무역을 공부하는 사람들이 어렵게 생각하는 용어들이기도 하다. 간단히 말해서 중계무역은 도매상이고, 중개무역은 집을 사고판다고 가정했을 때 공인중개사라고 할 수 있다. 예를 들어 과일의 경우 생산자가 직접 도시에 있는 소비자에게 판매하기도 하지만, 대부분 중간상인인 유통상이 과일을 대량으로 매매해서 소비자에게 판매한다. 무역에서는 이 도매상이 중계업자다. 즉 한국의 무역업체가 중국산 연필 등을 대량으로 구매해서 미국의 할인점에 판매할 때 한국에 있는 무역업체는 중계상이며, 이러한 무역을 중계무역이라고 한다.

이와 달리 중개무역은 구매자와 판매자를 연결해주고 수수료를 받는다. 이는 집을 파는 사람과 사는 사람을 연결해주고 수수료를 받는 공인중개사와 유사하다. 즉 국내에 있는 제조업체의 물건을 중개무역을 하는 업체가 해외의 업체와 연결해주고, 나중에 거래가 성사되면 수수료를 받거나 중국 업체와 미국 업체를 서로 연결해주고 수수료를 받기도 한다.

통관의 모든 것은 법으로 정해져 있다: 무역법령정보

통관은 국가기관인 세관이 우리나라를 나가고 들어오는 모든 제품에 대해 진행하는 검사 과정으로, 세관원이 임의로 제품을 검사하거나 자기 나름의 방식대로 통관을 진행하는 것이 아니다. 모두 법에 의해 정해진 대로 처리를 하는 것이다. 그러므로 통관에 대해서 좀더 자세히 알고 싶다면 관세사나 관세청에 물어보는 것 외에 직접 법령을 찾아보는 것도 좋은 방법이다.

무역법령정보 찾는 방법

① 관세청 홈페이지(www.customs.go.kr)를 방문해 오른쪽에 있는 패밀리사이트를 클릭한다.

② 하단에 있는 '법령정보'를 클릭한다.

③ 관세청법령정보시스템에서 원하는 법령을 검색하면 된다

[그 외의 법령은 국가법령정보센터(www.law.go.kr)에서 검색할 수 있다].

수출입 과정에서 국제운송은 중간 단계다. 운송은 제품을 보내거나 받는 것으로, 수출입을 하는 사람들의 난제 중 하나는 어떻게 하면 제품을 제대로 보내고 받느냐다. 이 장에서 그 난제를 한번 해결해보자.

수출입 과정: 발주 ➔ 국내운송 ➔ 수출통관 ➔ **국제운송** ➔ 수입지 항구(혹은 공항)에 도착 ➔ 수입통관 ➔ 국내운송 및 화물 인수

운송의 꽃,
국제운송이란 무엇인가?

급하거나 작은 물건은 비행기로 보내자, Air Freight

앞에서 우리는 발주와 국내운송, 통관에 대해 배웠고 이제 국제운송에 대해 알아볼 차례다. 보통 우리나라에서 제품이 수출입될 때 총 3번의 운송을 거치는데, 나라 안에서 이루어지는 운송과 나라와 나라 간에 이루어지는 운송을 구별하기 위해 국내운송과 국제운송을 나눈다.

국내운송수단으로는 트럭·버스·오토바이·기차·배 등이 있다. 각 운송수단의 비용과 특징을 감안해 이용하면 된다. 예를 들어 지금 몹시 급하게 다른 동네로 서류를 보낼 일이 생겼다고 가정해보자. 이때 어떤 운송수단을 써야 할까? 아마도 가벼운 제품을 빠르게 배달할 수 있는 오토바이가 제일 적합할 것이다. 그런데 옮겨야 할 물건이 간단한 서류가 아니라 무거운 이삿짐이라면 어떨까? 이때는 오토바이로는 안 될 것이다.

이렇게 우리가 상황에 맞게 운송수단을 골라 쓸 수 있는 이유는 이미 각 운송수단의 특징을 잘 알고 있기 때문이다. 마찬가지로 해외로 물건을 보내거나 해외에서 물건을 받기 위해 운송수단을 선택해야 할 때도 이용할 수 있는 운송수단의 특성을 잘 이해한다면, 수출입을 별 무리 없이 진행할 수 있다.

항공운송사를 알아보자

비행기의 가장 큰 장점은 빠른 속도다. 전 세계 어느 나라든 하루나 이틀이면 무난히 도착할 수 있다. 하지만 운송료가 비싸기 때문에 특별한 경우가 아니면 작고 가벼운 물건 위주로 비행기를 이용하는 것이 좋다. 비행기로 물건을 보내기 위해서는 항공운송사와 접촉해야 하는데, 화물을 운송하는 항공운송사는 항공기를 통해 운송 업무를 하는 항공사와 항공기가 없이 운송 업무를 하는 운송사로 나눌 수 있다.

항공기를 통해 운송 업무를 하는 운송사에는 국적사와 외국항공사가 있다. 우리나라 항공사인 국적사에는 대한항공과 아시아나항공 등이 있고, 외국항공사에는 싱가폴항공, 일본항공, 동방

항공 등이 있다. 사람들이 해외로 나가기 위해 이용하는 항공사들이 사람 외에 화물을 싣는 일도 하고 있는 것이다.

이와 달리 항공기 없이 운송 업무를 담당하는 운송사도 있다. 이러한 운송사를 '포워더'라고 하는데, 항공 업무를 담당하는 '항공포워더'와 배로 운송 업무를 하는 '선박포워더'로 나뉜다. 하지만 실제로 포워더는 항공과 선박 업무를 모두 하는 경우가 많기 때문에 굳이 항공포워더와 선박포워더를 구분하지 않기도 한다.

비유하자면 포워더는 여행사와 비슷하다. 여행사의 경우 비행기는 없지만 일반인에게 비행기 표를 판매한다. 항공회사에서 싼값에 대량의 표를 구매한 다음 얼마간의 마진을 붙여서 일반 여행객에게 비행기 표를 판매하는 것이다. 포워더의 경우 항공사의 화물 적재 공간을 빌려서 마진을 붙인 다음 일반 수출·수입 회사에게 대여한다. 항공기를 가지고 있는 쪽에서 보면 일반인들을 상대로 한 소량 판매보다는 여행사를 대상으로 한 대량 판매가 유리한 것처럼, 화물 적재 공간을 일반 무역회사에게 조금씩 대여하기보다는 포워더와 같은 업체에서 여러 업체를 모아 주는 것이 더 유리하다. 물론 항공사도 영업을 통해 화물을 보내는 업체를 모집하기도 하지만, 그것은 큰 회사에서 비행기의 많은 공간을 빌리는 등의 예외적인 경우다.

무역회사는 일반적으로 이 포워더라는 운송회사를 통해서 항공 화물을 보내거나 받는 업무를 하고 있다. 참고로 기존에 거래하는 포워더가 없으면 인터넷 검색창에 '포워더'만 검색해도 얼마든지 많은 포워더 업체를 알아볼 수 있다.

항공운송료 견적서와 스케줄을 받아보자

비행기는 하루 이틀이면 전 세계 어디든지 갈 수 있는 편리하고 빠른 운송수단이다. 하지만 항공편에도 한계가 있어 매일 모든 도시로 출발하지는 않는다. 그러므로 포워더와 접촉시 가장 먼저 확인해야 할 사항은 항공 스케줄이다. 즉 비행기가 목적지까지 일주일에 몇 번 정도 출발하는지, 무슨 요일에 출발하는지 등을 확인해야 한다. 이와 더불어 항공운송료 견적서도 받아서 꼼꼼히 확인해야 한다.

다음은 항공운송료 견적서와 항공 스케줄에 대한 이해를 돕기 위해 제시한 사례이니 참고하길 바란다.

한국의 SUNGWOO TRADING은 미국의 GU ENG에게 부품을 보내기 위해 비행기를 이용하기로 했다. SUNGWOO TRADING의 담당자는 비행기 운송료와 언제 비행기가 출발해서 도착하는지 등을 확인하기 위해 기존에 거래하던 포워더에게 운송료 및 스케줄을 요청했고 다음과 같이 통지를 받았다.

FROM INCHEON TO LA, USA　　　　(발행: 10월 10일, 단위: 원)

운송사	+45KG	+100KG	THC	운항	비고
KE	5,000/KG	4,000/KG	45	매일 (월요일 제외)	직항 1~2일 소요
AA	4,800/KG	4,300/KG	45	월, 수, 금	직항 1~2일 소요
CA	5,200/KG	4,100/KG	45	매일	경유 5~10일 소요

※ FSC: 수시 변동
※ HANDLING CHARGE: 3만 원/HAWB
※ 운임유효기간은 10월 31일까지입니다.

SUNGWOO TRADING이 포워더에게 받은 것은 항공운송료 견적서다. 제시된 표의 내용을 살펴보면 다음과 같다.

- FROM INCHEON TO LA, USA: 인천에서 미국 LA까지의 항공 운송료의 견적이다.

- KE, AA, CA: 항공사의 약어로 보통 대한항공이나 아시아나항 공, 이렇게 쓰지 않고 약어로 처리한다. 참고로 KE는 대한항공, AA는 아메리칸항공, CA는 중국국제항공이다.

- +45KG, +100KG: 45KG 이상, 100KG 이상이라는 뜻이다. 즉 +45KG 항목에서 5,000원/KG, 4,800원/KG로 되어 있으면 보 내는 물건의 무게가 45KG 이상이면 KG당 5,000원 또는 4,800

원이라는 뜻이다.

- THC: THC는 Terminal Handling Charge의 약자로 수출화물이 비행기에 실리기까지 처리되는 비용이다. 여기서는 45원이다.

- 운항: 일주일 중 무슨 요일에 운항하는지를 알려준다. 견적에서 보면 KE대한항공는 월요일을 제외하고 매일 미국까지 운항한다.

- 직항: 중간에 다른 곳에 들리지 않고 목적지까지 바로 간다는 뜻이다.

- 경유: 목적지까지 한 번에 가지 않고 다른 곳에 들렀다 간다는 뜻이다. 이는 직항으로 가기에는 화물이 많지 않을 때 다른 나라에 들러 화물을 채워서 간다는 의미다. 그러므로 직항보다는 운송료가 싸지만 도착하는 데 시간이 더 오래 걸린다.

- FSC: Fuel Surcharge의 약자로 '유가할증료'라고도 한다. 유가가 변동되더라도 손해를 보지 않기 위해 부과하는 비용이다.

- HANDLING CHARGE: 운송 한 건당 포워더가 청구하는 비용이다. HAWB는 House AirWayBill의 약자로 포워더를 통해 화물을 보내고 받는 항공운송장을 뜻한다.

예시 사례를 바탕으로 항공운송료 견적서를 살펴보았다. 해당 항공운송료 견적서는 이해를 돕기 위한 것이므로, 부과되는 비용 및 스케줄 등에 대한 정확한 사항은 거래 운송사에게 문의하기 바란다. 참고로 제시된 사례는 무게에 대한 운임만 다루고

있다. 하지만 항공운송의 경우 2가지 운임체계가 있으니 염두에
두자. 무게 외에도 부피에 대한 운임이 있으며 부피와 무게 중
운임이 많이 나오는 쪽으로 운송료를 부과한다. 부피의 경우 가
로·세로·높이를 말한다.

비행기로의 수출, 택배보다 쉽다

견적서를 받았으면 본격적으로 운송을 준비해야 한다. 우리가
해외로 가기 위해 공항에 간다고 해서 바로 비행기를 탈 수는 없
다. 즉 탑승시간Boarding Time이 되어야 비행기를 탈 수 있다. 항공
화물의 경우에는 마감시간Closing Time이라는 것이 있는데, 그 시간
까지 화물이 공항 터미널에 도착하지 못하면 비행기에 실을 수
없으니 꼭 기억해야 한다. 항공화물의 마감시간을 지키지 않으
면 일정에 차질이 생기므로 반드시 지키도록 하자. 비행기로 화
물을 보내는 과정은 다음과 같다.

포워더에 스케줄 및 견적 문의 ⋯ 수입자에게 통보해 일정을
컨펌받음 ⋯ 포워더에게 화물 크기 및 무게 통지하고 비행기
예약 ⋯ 포워더에게 공항까지 운송트럭 요청 ⋯ 운송트럭이
수출자 공장에 들어와서 화물 적재 후 마감시간 전까지 화물
터미널 입고 ⋯ 수출자 통관진행 ⋯ 적재 및 국제운송 ⋯ 수
입지 공항 도착 ⋯ 수입자는 수입통관 및 화물 인수

비행기를 예약하고 포워더에게 운항 스케줄을 요청하면 다음과 같은 스케줄을 받게 된다. 스케줄 표기에 대해서는 포워더마다 다르니 참고하자.

MAWB NO.: 1553-5315		HAWB NO : CD1236465	
NO.	FROM/TO	DATE	ETD/ETA
KE335	ICN/AUH	Oct. 20, 20	01:00/23:40

- **MAWB**: Master AirWayBill의 약자로 항공사에서 발행하는 화물 운송장이다.
- **HAWB**: House AirWayBill의 약자로 포워더가 발행하는 화물 운송장이다. 수출자는 포워더에게 항공기를 예약하고, 화물이 비행기에 실리면 포워더는 House AirWayBill을 발행한다.
- **FROM/TO**: 인천국제공항에서 아랍에미리트의 수도 아부다비 AUH까지 가는 스케줄이다.
- **ETD/ETA**: ETD는 Estimated Time of Departure의 약자로 출발예정시간을 말한다. ETA는 Estimated Time of Arrival의 약자로 도착예정시간을 말한다. 여기서는 2015년 10월 20일 새벽 1시에 출발해 같은 날 밤 11시 40분에 도착할 예정이다.

항공운송장이란 무엇인가?

공항까지 도착한 화물이 정상적으로 비행기에 실리면 포워더는 화물인수증을 발행하는데 이것을 AIRWAYBILL이라 하며 우리말로는 항공운송장이다.

포워더는 비행기에 실리는 화물을 실제로 확인하는 것이 아니고 수출자가 작성해주는 패킹리스트를 받아서 그 내용을 AIRWAYBILL에 기재한다. 그리고 기재한 내용이 맞는지 수출자에게 이메일이나 팩스로 초안을 보내주는데 이것을 체크빌Check Bill이라고 한다. 수출자는 체크빌에 기재된 보내는 쪽(수출자)과 받는 쪽(수입자)의 이름과 주소, 제품명, 수량 등의 내용을 확인한 후 기재 내용이 맞으면 운송사에게 연락해 AIRWAYBILL을 발행해달라고 한다. 발행된 항공운송장은 수입자에게 보내고, 수입자는 인보이스와 패킹리스트, 항공운송장을 세관에 제출해 수입통관을 진행한 후 화물을 인수한다. 항공운송장의 주요 내용은 다음과 같다(148쪽 참고).

- Shipper's Name and Address : 수출자의 이름과 주소를 기재한다. 여기서는 수출자로 한국의 SUNGWOO TRADING의 회사 이름과 주소가 기재되어 있다.
- Consignee's Name and Address : 수입자의 이름과 주소를 기재한다. 여기서는 수입자로 인도의 PANKAJ ENG의 회사 이름

: AIRWAYBILL :

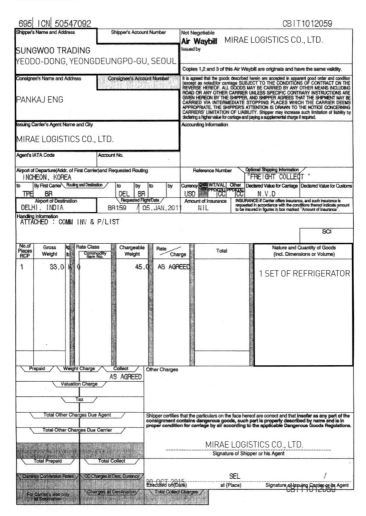

695 ICN 50547092   CBIT1012059

Shipper's Name and Address	Shipper's Account Number	Not Negotiable **Air Waybill** MIRAE LOGISTICS CO., LTD. Issued by
SUNGWOO TRADING YEODO-DONG, YEONGDEUNGPO-GU, SEOUL		Copies 1,2 and 3 of this Air Waybill are originals and have the same validity.

Consignee's Name and Address	Consignee's Account Number
PANKAJ ENG	

It is agreed that the goods described herein are accepted in apparent good order and condition (except as noted)for carriage SUBJECT TO THE CONDITIONS OF CONTRACT ON THE REVERSE HEREOF. ALL GOODS MAY BE CARRIED BY ANY OTHER MEANS INCLUDING ROAD OR ANY OTHER CARRIER UNLESS SPECIFIC CONTRARY INSTRUCTIONS ARE GIVEN HEREON BY THE SHIPPER, AND SHIPPER AGREES THAT THE SHIPMENT MAY BE CARRIED VIA INTERMEDIATE STOPPING PLACES WHICH THE CARRIER DEEMS APPROPRIATE. THE SHIPPER'S ATTENTION IS DRAWN TO THE NOTICE CONCERNING CARRIERS' LIMITATION OF LIABILITY. Shipper may increase such limitation of liability by declaring a higher value for carriage and paying a supplemental charge if required.

Issuing Carrier's Agent Name and City	Accounting Information
MIRAE LOGISTICS CO., LTD.	

Agent's IATA Code	Account No.

Airport of Departure(Addr. of First Carrier)and Requested Routing					Reference Number	Optional Shipping Information
INCHEON, KOREA						"FREIGHT COLLECT "

to	By First Carrier	Routing and Destination	to	by	to	by	Currency	CHGS WT/VAL	Other	Declared Value for Carriage	Declared Value for Customs
TPE	BR		DEL	BR			USD	PPD COLL / PPD COLL		N.V.D	

Airport of Destination	Requested Flight/Date		Amount of Insurance	INSURANCE-If Carrier offers insurance, and such insurance is requested in accordance with the conditions thereof indicate amount to be insured in figures in box marked "Amount of Insurance".
DELHI, INDIA	BR159 / 05.JAN,201		NIL	

Handling Information
ATTACHED : COMM INV & P/LIST

							SCI

No.of Pieces RCP	Gross Weight	kg lb	Rate Class / Commodity Item No.	Chargeable Weight	Rate / Charge	Total	Nature and Quantity of Goods (incl. Dimensions or Volume)
1	33.0	K 0		45.0	AS AGREED		1 SET OF REFRIGERATOR

Prepaid	Weight Charge	Collect	Other Charges
	AS AGREED		
	Valuation Charge		
	Tax		
Total Other Charges Due Agent			Shipper certifies that the particulars on the face hereof are correct and that insofar as any part of the consignment contains dangerous goods, such part is properly described by name and is in proper condition for carriage by air according to the applicable Dangerous Goods Regulations.
Total Other Charges Due Carrier			
			MIRAE LOGISTICS CO., LTD.
			Signature of Shipper or his Agent

Total Prepaid	Total Collect		
Currency Conversion Rates	CC Charges in Dest. Currency	20 OCT 2015	SEL /
		Executed on(Date) at (Place)	Signature of Issuing Carrier or its Agent
For Carrier's Use only at Destination	Charges at Destination	Total Collect Charges	CBIT1012059

150

과 주소가 기재되어 있다.

- Issuing Carrier's Agent Name and City : 항공운송장 발행회사
  인 포워더의 회사 이름이 기재되어 있다.
- Nature and Quantity of Goods : 보내는 제품의 이름과 수량을
  기재한다. 여기서는 냉장고 한 세트가 기재되어 있다.

물건이 크거나 많고 무거울 때는 선박운송이 좋다

컨테이너나 화물을 실은 트럭이 항구에 도착해 컨테이너 또는
화물을 내린다. 그다음 선적시간이 되면 배에 화물이 실린다. 출
발시간에 맞춰서 배가 항구를 떠나자 화물이 배에 실렸음을 증
명하는 화물운송장인 B/L이 발행되어 수출자에게 전달된다. 그
런데 화물이 선적된 이 배는 누가 누구를 통해 예약한 것이고,
선적시간은 어떻게 알게 된 것인가? B/L은 또 무엇인가? 여기서
는 무역의 대표적 국제운송수단인 선박에 대해서 배워보자.

컨테이너, TEU, 자동차 수출

여기서 공통적인 단어는 배다. 컨테이너는 배로 운송되는 거
대한 철제 케이스고, TEU는 Twenty Foot Equivalent Unit의 약

자로 20피트 컨테이너를 말한다(참고로 FEU는 Forty Foot Equivalent Unit의 약자로 40피트 컨테이너를 의미한다). 보통 컨테이너를 운반하는 배의 크기를 이야기할 때, 컨테이너 몇 개를 실을 수 있는지로 이야기하는데, 이때 쓰이는 단위가 TEU다. 예를 들어 '7,000TEU급 배'라고 하면 컨테이너 7,000개를 실을 수 있는 배라는 뜻이다. 마지막으로 자동차의 경우 우리나라에서 해외로 수출될 때 주로 배에 선적되어서 수출된다.

선박운송은 말 그대로 화물을 배에 실어 운송하는 것으로, 실을 수 있는 화물의 양이 많고 크기가 크다. 이런 이유로 수출입되는 많은 화물들이 배로 운반되는 것이다. 선박운송은 운송료가 항공운송에 비해 저렴하고 실을 수 있는 물건이 많은 대신 운송시간이 오래 걸린다는 단점이 있다. 즉 선박운송을 이용한다는 것은 보낼 물건이 많고 무게가 무거우며 느긋하게 물건을 받을 준비가 되어 있다는 의미다. 예를 들면 미국의 이베이에서 구입한 계절상품을 배로 받는다는 것은 물건을 한 달 안에만 받으면 된다는 뜻이다.

선박운송의 경우 가까운 중국이나 일본은 이틀 정도면 도착하지만 미국이나 호주처럼 먼 나라는 약 한 달 정도의 시간이 걸린다. 배로 운송하는 수출입 업체는 이러한 운송시간을 감안해 수출입 계획을 잡도록 한다.

배로 수출입을 하기 위해서는 먼저 운송회사를 알아보아야 한다. 앞에서 항공운송에 대해 배웠는데, 배로 수출입하는 과정도 비행기로 수출하는 과정과 크게 다르지 않다. 비행기를 통해 운송 업무를 하는 회사에 대한항공과 아시아나항공 등이 있는 것처럼 배를 가지고 있고 운송 업무를 하는 회사에는 현대상선, 한진해운, 대한해운 등이 있다. 또한 비행기 없이 운송 업무를 하는 항공포워더가 있는 것처럼 배 없이 운송 업무를 하는 선박포워더도 있다. 물건을 보내기 위해 선박을 통째로 빌려야 될 정도로 물량이 많거나 화물이 큰 경우를 제외하고는 보통 포워더를 통해서 화물을 운송한다.

선박운송의 첫걸음, 스케줄표와 견적서를 받자

현재 거래하고 있는 포워더가 없다면 우선 인터넷 검색창에 '포워더'를 검색해보자. 수많은 운송업체가 있음을 알 수 있다. 그 중 몇몇 업체에게 이메일이나 전화를 통해 견적과 스케줄을 요청한다. 그러면 대부분의 포워더는 주로 어느 나라로 수출입을 하는지, 한 달에 몇 번 정도 나가는지 등 나라와 횟수에 대해서 묻는다. 그냥 수출입을 한다고 하면 전 세계 모든 나라로 가는 것에 대한 견적을 달라는 것인데, 그것은 불가능하다. 그러므로 포워더에게 자신의 회사가 주로 수출입하는 나라는 어디이며, 몇 번 정도를 수출하거나 수입하는지에 대한 구체적인 정보를 주도록 한다.

항공운송의 경우와 마찬가지로 운송되는 나라에 따라 일주일에 출항하는 횟수가 달라진다. 가까운 일본이나 중국의 경우에는 배가 자주 있지만 거리가 먼 미국이나 유럽의 경우에는 일주일에 한두 번 정도만 배가 출항한다. 참고로 배의 운항 횟수를 '항차'라 하는데, 예를 들어 일주일에 배가 3번 출항한다면 '주3항차'라고 말한다.

다음은 선박운송시 꼭 확인해야 할 선박 스케줄에 관한 사례다. 이해를 돕기 위한 사례이니 참고하자.

> 홍콩으로 제품을 수출할 예정인 성우통상은 선박 운송사에 가장 빨리 출항할 수 있는 날짜로 스케줄을 달라고 했고, 다음과 같은 스케줄을 이메일로 받았다. '인천–홍콩' 선박운송 스케줄이다.
>
> | VSESSEL | VOY | DOC | CLS | ETD | ETA |
> |---------|-----|-----|-----|-----|-----|
> | GARUDA | 0015S | 10/10 AM | 10/11 AM | 10/12 | 10/15 |
> | BERMUDA | 0120S | 10/17 AM | 10/18 AM | 10/19 | 10/22 |
>
> ※ 각 운송사마다 약어나 스케줄 표기가 약간씩 다르다.

- VESSEL : 선박을 의미한다. 여기서는 GARUDA라는 배와 BERMUDA라는 배가 있다.

- VOY: VOYAGE NO.로 항차를 뜻한다. GARUDA의 항차는 0015S로, 여기서 S는 South의 약자로 방향을 뜻한다. 즉 이 표에서 GARUDA는 항차가 15이며 남쪽으로 운항한다.

- DOC: DOCUMENT를 의미하며, 운송사가 수출자에게 수출 관련 서류를 언제까지 달라는 데드라인이다. 운송사가 수출자에게 요구하는 서류에는 패킹리스트 등이 있다. 운송사는 패킹리스트에 있는 내용대로 B/L을 작성한다. 제시된 스케줄에서 운송 선박으로 GARUDA를 이용할 경우, 운송사에서는 10월 10일 오전까지 이메일이나 팩스로 패킹리스트를 보내달라고 요청할 것이다.

- CLS: CLOSING을 의미하며, 수출화물을 언제까지 CY나 CFS에 입고시켜달라는 뜻이다. 여기서는 GARUDA에 선적할 경우, 화물을 10월 11일 오전까지 항구에 입고시켜달라는 말이다. 그러므로 수출자는 기재된 시간까지 늦지 않게 컨테이너를 운송하는 트레일러나 화물차를 준비해놓도록 한다. 차편을 구하기가 쉽지 않다면 포워더에게 차량을 부탁한다.

- ETD: Estimated Time of Departure의 약자로 출발예정시간이다. 즉 선박이 항구를 떠나는 시간으로 GARUDA의 ETD, 즉 인천항 출항일자는 10월 12일이며 BERMUDA는 10월 19일이다.

- ETA: Estimated Time of Arrival의 약자로 도착예정시간이다. 표에서 인천을 출발한 GARUDA는 홍콩에 10월 15일에 도착한다.

다음은 포워더에게 요청한 견적서 샘플이다(견적서 양식은 포워더마다 다르나 기재 내용은 대부분 비슷하다는 것을 참고하자). 제시된 'FCL 선박운송 견적서 예시'는 이해를 위한 것이므로 정확한 견적에 대해서는 포워더에게 문의하도록 한다.

: FCL 선박운송 견적서 예시 :

MARE

2015년 10월 20일

수신 : 성우통상 / 엄자상 과장님
발신 : 마레 로지스틱스
제목 : 인천–나고야 해상수출 견적의 건

1. 귀사의 무궁한 발전을 기원합니다.
2. 문의하신 운임 견적에 대하여 아래와 같이 알려드리오니 참조하시기 바랍니다.

- 아 래 -

1) INCHEON-NAGOYA

DESCRIPTION	20'DC	40'DC, HC	REMARK
OCEAN FREIGHT	$150.00	$250.00	PER CNTR
THC	₩116,000	₩157,000	PER CNTR
WHARFAGE	₩1,890	₩3,780	PER CNTR
SEAL FEE	₩5,000	₩5,000	PER CNTR
DOC FEE	₩35,000	₩35,000	PER B/L
내륙운송료	₩340,000	₩370,000	서울–인천
HANDLING	₩30,000	₩30,000	PER B/L

2) REMARK

(1) 상기 운임은 보험료 및 통관수수료 별도입니다.

(2) 도착지에서 발생되는 BAF는 별도이며 CNEE측에서 부담합니다.

(3) 기타 문의사항 있으시면 연락 부탁드립니다.

- 끝 -

- INCHEON-NAGOYA : 인천에서 나고야까지 가는 건에 대한 내용이다. 참고로 인천뿐만 아니라 부산 또는 다른 항구에서 나고야항까지 화물을 배송할 수도 있다. 어느 항구를 통해서 물건을 보낼지는 운송료와 일본까지의 배송시간 등을 검토한 후 진행하도록 한다.

- OCEAN FREIGHT : 해상운임을 말한다.

- THC : Terminal Handling Charge의 약자로 컨테이너화물이 터미널에서 선적되기까지 처리되는 비용이다.

- WHARFAGE : 부두사용료를 말한다. 입항한 배와 관련된 비용이다.

- SEAL FEE : 컨테이너를 잠글 때 쓰는 실과 관련된 비용이다.

- DOC FEE : B/L 발행 비용이다.

- 내륙운송료 : 서울에서 인천항까지 운송하는 트럭 또는 트레일러 운송비다.

- HANDLING : 포워더 업무 처리 수수료다.

- 20′ DC : 20피트 드라이 컨테이너DC; Dry Container를 말하는 것으로 일반적인 20피트 컨테이너다. 참고로 20피트 컨테이너의 크기는 길이 6.1m, 폭 2.44m, 높이 2.6m다.

- 40′DC, HC : 40피트 드라이 컨테이너 또는 하이큐빅HC; High Cubic 컨테이너를 말한다. 하이큐빅 컨테이너는 40피트 일반 컨테이너보다 높이가 높은 컨테이너를 말한다(40피트 일반 컨테이너

크기: 길이 12.2m, 폭 2.44m, 높이 2.6m, 40'HC 크기: 길이 12.2m, 폭 2.44m, 높이 2.9m). 컨테이너에 실을 수 있는 물량은 운송회사와 잘 상의하도록 한다.

- BAF: Bunker Adjustment Factor의 약자로 유가할증료라고 한다.
- PER CNTR: CNTR은 CONTAINER를 줄인 말로, 'PER CNTR은 한 컨테이너당이라는 뜻이다. 앞의 표에서 20피트 한 컨테이너당 해상운송료는 150달러다.

LCL 견적을 알아보자

3명의 친구들과 여행을 간다고 생각해보자. 이때 총 4명이 이동하자고 관광버스를 통째로 빌리지는 않을 것이다. 이럴 경우 보통은 고속버스 터미널에 가서 원하는 지역으로 가는 버스표를 산 뒤 시간 맞춰 버스에 탄다. 비슷한 예로 수박이 먹고 싶은데 한 통을 사자니 다 먹지도 못하고 버릴 것 같고, 남은 걸 버리자니 왠지 아깝다. 그렇게 해서 나온 것이 잘라서 파는 수박이다.

수출화물도 마찬가지다. 20피트 컨테이너에는 길이·폭·높이가 1m인 박스가 약 38개 들어가는데, 운송할 화물이 3개라면 이들을 운송하자고 컨테이너를 통째로 빌리는 일은 돈을 버리는 일이다. 운송사 쪽에서도 한 컨테이너에 박스 3개만 싣고 가는 것은 손해다. 한 컨테이너가 통째로 필요하지 않은 업체들을 위해 컨테이너 운송사에서 내놓은 묘안이 컨테이너 공간을 잘라서

화물이 FCL인지, LCL인지 판단하는 방법

앞에서 FCL과 LCL을 설명했는데, 이것은 어떻게 판단하는 것인가? 화물의 크기를 계산해보면 된다. 계산식은 '가로 x 세로 x 높이'다. 여기서 가로 · 세로 · 높이는 m로 환산한 후 곱하기를 하며 단위는 CBM을 쓴다. CBM은 CuBic Meter의 약자다. 예를 들어 총 여덟 묶음의 물량을 수출하는데, 한 개 묶음의 크기가 가로 1m, 세로 50cm, 높이가 80cm라면 수식은 '1m x 0.5m x 0.8m = 0.4CBM'이며 총 여덟 묶음이므로 3.2CBM이 나온다. 20피트 컨테이너의 크기는 약 38CBM(= 6.1m x 2.44m x 2.6m)이므로 3.2CBM짜리 물건을 넣고도 공간이 많이 남는다. 이때 크기가 3.2CBM인 화물을 LCL이라고 한다. 참고로 38CBM이라는 말은 길이 · 폭 · 높이가 각각 1m인 1CBM 크기의 화물이 총 38개 들어갈 수 있다는 말과 같다. 하지만 컨테이너는 내부 두께가 두껍기 때문에 실제로는 38CBM이 안되므로 컨테이너에 실을 수 있는 정확한 물량은 운송회사와 잘 상의하도록 한다.

빌려주는 것이다. 운송사에서 자른 공간에 실린 화물은 꽉 찬 컨테이너FCL의 상대적 개념인 덜 채운less 컨테이너container 화물load로 LCL이라고 한다. 즉 한 개의 컨테이너가 꽉 차 있는 것을 FCL로, 공간이 남아 있는 것을 LCL로 구분하는 것이다.

항구까지 운송된 LCL은 창고인 CFS에 모였다 콘솔Consol; LCL 화물을 모아서 한 개의 컨테이너를 구성하는 작업한 뒤 컨테이너에 혼재(한 컨테이너에 각각 다른 회사의 LCL화물이 섞여 있는 것)되어서 CY로 갔다가 선박에 실린 후 운송된다.

앞에서 20피트 컨테이너에 길이·넓이·폭이 각각 1m인 박스 약 38개(실제로는 실을 수 없다)를 실을 수 있다고 했는데, LCL의 운송료 기준은 1CBM으로, 1CBM당 운송료를 책정한다. LCL인 경우 보통 'LCL 견적서 예시'와 같은 형식의 견적서를 받게 된다.

- INCHEON-HONGKONG, 1CBM: 인천에서 홍콩으로 가는 항로로 1CBM에 대한 비용이다.

- OCEAN FREIGHT: 인천에서 홍콩까지 운송하는 화물 1CBM에 대한 운송료다.

- THC: Terminal Handling Charge의 약자로 1CBM에 대한 비용이다.

- CFS CHARGE : LCL은 CFS에서 컨테이너 작업을 한 후 CY로 가게 된다. CFS 비용이다.

- DOC FEE: DOC는 DOCUMENT의 줄임말로 DOC FEE는 B/L 발행 비용이다.

- **내륙운송료**: 화물을 싣고 항구까지 가는 비용이다. 여기서는 인천항까지 간다.

- HANDLING: 포워더 업무 처리 수수료. 즉 화물을 싣기 위해

: LCL 견적서 예시 :

MARE LOGISTICS

2015년 10월 12일

수신 : 성우통상 / 엄자상 과장님
발신 : 마레로지스틱스
제목 : 인천-홍콩 해상수출 견적의 건

1. 귀사의 무궁한 발전을 기원합니다.

2. 문의하신 운임 견적에 대하여 아래와 같이 알려드리오니 참조하시기 바랍니다.

- 아 래 -

1) INCHEON - HONGKONG, 1CBM

DESCRIPTION	RATE	REMARK
OCEAN FREIGHT	$1.00	PER R/T
THC	₩6,500	PER R/T
CFS CHARGE	₩6,500	PER R/T
WHARFAGE	₩335	PER R/T
DOC FEE	₩35,000	PER B/L
내륙운송료	₩95,000	
HANDLING	₩30,000	PER B/L

2) REMARK

(1) 상기 운임은 보험료 및 통관수수료 별도입니다.

(2) 기타 문의사항 있으시면 연락 부탁드립니다.

- 끝 -

전화와 팩스, 컴퓨터 등을 썼을 경우, 그 비용들에 대해서 청구하는 것이다.

- REMARK: 참고사항을 기재한다. 위의 견적서에는 보험료와 통관 수수료가 포함되지 않았다.

무역실무의 팔방미인, 포워더

수출입을 위해 접촉하는 운송회사는 대부분 포워더로, 관세사가 없거나 항구나 공항까지 화물을 운송할 트럭 등이 없을 때 포워더를 찾는다. 또한 팔레트를 열처리 할 업체가 필요할 때도 포워더와 접촉하면 된다.

무역실무를 수행하는 데 있어 업계의 정보를 쫙 꿰고 있는 곳이 바로 포워더다. 첫 포워더를 잘 만나는 것이 중요하므로 포워더 이용 수수료나 운송료 외에 얼마만큼 나에게 맞는지에 대해서도 점검할 수 있는 혜안을 가지자.

국제 운송료를 바이어가 부담한다, 노미

택배로 물건을 보낼 때 운송료는 보내는 사람이 내기도 하지만 받는 사람이 내기도 한다. 보통 보내는 쪽에서 운송료를 내는 것을 현불이라 하고, 받는 쪽이 내는 것을 착불이라고 한다.

무역에서도 수출자가 운송료를 내기도 하고, 수입자가 내기도 한다. 수출자가 운송료를 내는 것을 FREIGHT PREPAID라고 하며, 수입자가 내는 것을 FREIGHT COLLECT라고 한다. FREIGHT PREPAID나 FREIGHT COLLECT는 협의에 의해서 결정되며, 보내는 사람이 운송료를 내는 경우에는 물건값에 운송료를 포함해서 수입자에게 견적서를 제출하면 된다.

운송사도 보통 수입자가 지정하는데, 무역에서는 이것을 '노미'라 한다. 즉 "이번은 수입자 노미 건입니다."라고 이야기하면 수입자 쪽에서 운송사를 정했다는 의미다. 여기서 노미란 앞서 언급했듯이 Nomination에서 Nation을 뺀 말이다. Nomination은 우리말로 지명 또는 지정이라는 뜻으로, 무역에서는 운송사를 지정했다는 의미로 쓰인다. 보통 수출자가 운송사를 정해서 운송하는 경우, 그 진행 과정은 다음과 같다.

수출자가 운송사와 접촉 ⋯▸ 선적일 지정 ⋯▸ 화물 선적 ⋯▸ 국제운송

반대로 수입자가 운송사를 정하는 경우에는 수출자가 운송사를 정하는 경우보다 진행 단계가 더 많아진다.

수입자가 운송사와 접촉 ⋯▸ 운송사는 수출국에 있는 파트너 운송사와 접촉 ⋯▸ 파트너 운송사는 수출자와 접촉해 화물 준비 완료 시점을 확인 ⋯▸ 화물 준비 완료 시점에 화물을 인수해 선적 ⋯▸ 국제운송

수입자가 운송사와 접촉한다는 것은 자기 나라에 있는 포워더와 접촉한다는 뜻이다. 이 운송사가 수출자가 있는 해외의 화물을 선적해서 처리한다는 것은 쉽지가 않다. 그래서 보통 포워더

들은 해외에 자기와 같은 포워더들을 파트너로 두고 있다가 해외의 물건을 선적해야 하는 경우, 해외의 파트너를 통해 화물 인수 및 선적 등을 진행한다. 물론 이런 경우에는 해외 파트너를 위한 수수료가 발생된다.

배에 화물을 실어서 수출해보자

화물을 배에 싣기 위해서는 몇 가지 사항을 반드시 확인해야 한다. 첫째, 제품생산 및 포장시간이 배에 화물을 싣기 위한 클로징에 맞출 수 있는지 확인한다. 생산 및 포장의 완료시점과 회사에서 항구까지 운송되는 시간을 잘 확인해서 클로징에 맞추지 못하는 일이 없도록 해야 한다.

둘째, 서류 클로징을 맞출 수 있는지 확인한다. 제품이 통관되지 못하고, 인보이스와 패킹리스트가 준비되지 못하면 화물을 배에 실을 수 없다. 그러므로 서류 준비에 차질이 없도록 한다.

셋째, 국내운송업체가 자신의 회사에는 언제 들어오는지 확인한다. 제품수출포장이 언제쯤 끝나는지 확인한 후 항구로 운송할 트레일러가 회사로 들어오면 화물을 바로 실을 수 있도록 준비한다. 화물 준비가 안 되어 화물차가 회사에 들어온 채 대기하고 있다면 대기 수수료가 발생하므로 이에 주의한다.

넷째, 트레일러가 들어온다면 트레일러가 들어올 수 있는 공간이 자신의 회사에 있는지 확인한다. 트레일러는 크기가 크고 길이가 길기 때문에 자칫 회사로 들어오지 못할 수도 있다. 그러니 회사 물류팀과 사전에 협의해 차질이 없도록 한다.

선박운송장 B/L을 받는 과정

패킹리스트 송부 ⋯→ 체크 비엘 ⋯→ 선박 출항 ⋯→ B/L 발행

운송회사는 자기 배에 실리는 화물을 모두 뜯어보거나 할 수 없다. 단지 수출자가 작성한 패킹리스트를 보고 B/L을 작성한다. 패킹리스트의 내용을 B/L에 쓴 다음, 틀린 내용은 없는지 수출자에게 확인해달라는 차원에서 정식 B/L이 아닌 임시 B/L을 팩스나 이메일로 보낸다. 이 B/L을 체크비엘이라 하며 보통 'CHK B/L' 이런 식으로 기재한다. 수출자가 체크 비엘을 확인 후 내용에 이상이 없으면, 운송사는 배가 출항한 후 B/L을 발행해 수출자에게 보낸다.

수출자가 받는 B/L의 종류

화물을 선적한 배가 항구를 떠나면 수출자는 ORIGINAL과 COPY, 그리고 은행보관용 도장이 찍힌 B/L을 받게 된다. 이에 대해 좀더 자세히 살펴보자.

1. ORIGINAL B/L

B/L에 원본이라는 의미의 ORIGINAL 도장이 찍혀 있으며, 현업에서는 오리지널 비엘이라고 한다. 보통 3장으로 되어 있으며 운송회사 담당자의 사인이 있다.

2. COPY B/L

B/L에 사본이라는 의미의 COPY 도장이 찍혀 있다. ORIGINAL과 달리 COPY B/L에는 담당자의 사인이 없다.

3. 은행보관용 B/L

B/L의 빈 공간에 '은행보관용'이라는 도장이 찍혀 있다.

: ORIGINAL B/L :

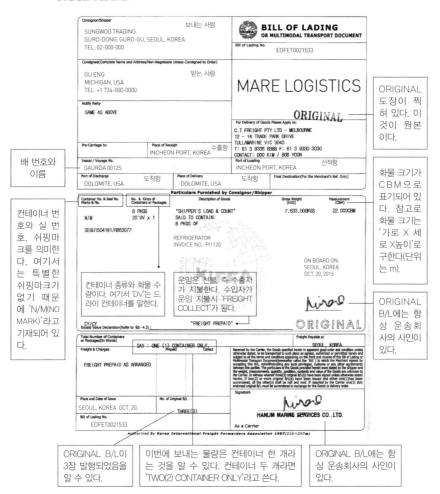

ORIGINAL 도장이 찍혀 있다. 이것이 원본이다.

배 번호와 이름

컨테이너 번호와 실 번호. 쉬핑마크를 의미한다. 여기서는 특별한 쉬핑마크가 없기 때문에 'N/M(NO MARK)'라고 기재되어 있다.

화물 크기가 CBM으로 표기되어 있다. 참고로 화물 크기는 '가로 X 세로 X높이'로 구한다(단위는 m).

ORIGINAL B/L에는 항상 운송회사의 사인이 있다.

컨테이너 종류와 화물 수량이다. 여기서 'DV'는 드라이 컨테이너를 말한다.

운임은 선불, 즉 수출자가 지불한다. 수입자가 운임 지불시 'FREIGHT COLLECT'가 된다.

ORIGINAL B/L이 3장 발행되었음을 알 수 있다.

이번에 보내는 물량은 컨테이너 한 개라는 것을 알 수 있다. 컨테이너 두 개라면 'TWO(2) CONTAINER ONLY'라고 쓴다.

ORIGINAL B/L에는 항상 운송회사의 사인이 있다.

: COPY B/L :

Consignor/Shipper		BILL OF LADING
SUNGWOO TRADING GURO-DONG, GURO-GU, SEOUL, KOREA TEL: 02-000-000		OR MULTIMODAL TRANSPORT DOCUMENT

Consignor/Shipper
SUNGWOO TRADING
GURO-DONG, GURO-GU, SEOUL, KOREA
TEL: 02-000-000

BILL OF LADING
OR MULTIMODAL TRANSPORT DOCUMENT

Bill of Lading No.
EOFET0021533

Consignee(Complete Name and Address/Non-Negotiable Unless Consigned to Order)
GU ENG
MICHIGAN, USA
TEL: +1 734-000-0000

MARE LOGISTICS

복사본이기
에 COPY
도장이 찍혀
있다.

Notify Party
SAME AS ABOVE

For Delivery of Goods Please Apply to:
C.T FREIGHT PTY LTD – MELBOURNE
12 – 14 TRADE PARK DRIVE
TULLAMARINE VIC 3043
T: 61 3 9338 8388 F: 61 3 9330 3030
CONTACT: OOO KIM / BOB YOON

Pre-Carriage by

Place of Receipt
INCHEON PORT, KOREA

Port of Loading
INCHEON PORT, KOREA

Vessel / Voyage No.
GAURDA 0012S

Port of Discharge
DOLOMITE, USA

Place of Delivery
DOLOMITE, USA

Final Destination(For the Merchant's Ref. Only)

Particulars Furnished by Consignor/Shipper

Container No. & Seal No. Marks & No.	No. & Kinds of Containers or Packages	Description of Goods	Gross Weight (KGS)	Measurement (CBM)
N/M :EKFLE12356/GKELKF123586	8 PKGS 20'OV x 1	"SHIPPER'S LOAD & COUNT" SAID TO CONTAIN: 8 PKGS OF REFRIGERATOR INVOICE NO.: PI1120	7,633.000KGS	22.000CBM

복사본이기
에 COPY 도
장이 찍혀있
다.

ON BOARD ON:
SEOUL, KOREA
OCT. 20, 2015

CY/CY
Excess Value Declaration(Refer to §II - 4.3) :

"FREIGHT PREPAID"

Total Number of Containers or Packages(In Words)		Freight Payable at SEOUL, KOREA
SAY : ONE (1) CONTAINER ONLY.		

Freight & Charges	Prepaid	Collect
FREIGHT PREPAID AS ARRANGED		

Received by the Carrier, the Goods specified herein in apparent good order and condition unless otherwise stated, to be transported to such place as agreed, authorized or permitted herein and subject to all the terms and conditions appearing on the front and reverse of this Bill of Lading or Multimodal Transport Document(hereinafter called the 'B/L') to which the Merchant agrees by accepting this B/L, notwithstanding any local privileges, customs or any other agreements between the parties. The particulars of the Goods provided herein were stated by the shipper and the weight, measurements, quantity, condition, contents and value of the Goods are unknown to the Carrier. In witness whereof three(3) original B/L(s) have been signed unless otherwise stated herein. If two(2) or more original B/L(s) have been issued and either one(1)has been surrendered, all the other(s) shall be null and void. If required by the Carrier one(1) duly endorsed original B/L must be surrendered in exchange for the Goods or delivery order.

Signature

사본이기에
운송회사 담
당자의 사인
이 없다.

Place and Date of Issue
SEOUL, KOREA OCT. 20, 2015

No. of Original B/L
THREE(3)

Bill of Lading No.
EOFET0021533

As a Carrier

Authorized By Korea International Freight Forwarders Association 1997(210×297㎜)

수입자에게는 없어서는 안 되는 B/L의 용도

선적증명

B/L은 수출자의 화물이 제대로 잘 실렸다는 것을 운송사가 확인시켜주는 서류다. 만약 운송사에서 화물이 배에 실리지 않았다고 하면, 이 B/L로 화물이 실렸다는 것을 증명하면 된다.

수입자 화물인수

세탁소에 옷을 맡기면 인수증이라는 것을 준다. 나중에 이 인수증을 주면 맡긴 옷을 찾을 수 있다. B/L도 이 인수증과 동일하게 항구에 도착한 화물을 찾을 때 쓰인다. 즉 항구에 있는 화물이 수입자의 화물이라는 것을 B/L로 증명하는 것이다. 배가 항구를 떠난 후 수출자는 운송사로부터 여러 장으로 된 한 세트의 B/L을 받게 되는데, 각 B/L마다 ORIGINAL 또는 COPY, 은행보관용이라는 도장이 찍혀 있다. 한 장은 복사해서 보관해두고, 나머지는 모두 수입자에게 우편으로 보내주도록 한다.

대금회수의 수단

B/L이 없으면 수입자는 화물을 찾을 수 없다. 즉 수입자가 아직 대금 결제를 하지 않았다면 수출자는 B/L을 보내주지 않아도 된다. 예를 들어 '선적 전 30%, 그리고 선적 후 70%' 식으로 대금결제에 대해 계약하는데, 선적이 되었다는 것을 이메일 등으로 통지하고 수입자가 잔액인 70%를 결제하면 그때 B/L을 보내주기도 한다.

B/L의 종류에 대해 알아보자

B/L은 원본ORIGINAL과 사본COPY로 구성되어 있고, 수입자가 화물을 인수하기 위해서는 원본이 반드시 있어야 한다. B/L은 용도에 따라 여러 종류가 있다.

첫째, 원본이 없어도 화물을 찾을 수 있는 SURRENDERED B/L서렌더 비엘이다. 운송회사를 통해 발행된 B/L 원본을 수출자가 받아서 다시 수입자에게 보내기까지 약 7일 혹은 그 이상이 걸리기도 한다. 미국이나 유럽과 같이 거리가 먼 나라의 경우 화물이 도착하는 데 약 한 달 정도가 걸리기 때문에 B/L을 수입자가 받는 데 7일 정도가 걸려도 별 문제가 없다. 문제는 일본이나 중국처럼 화물이 항구에 도착하는 데 2~3일만 걸리는 경우다. 화물은 이미 항구에 도착했는데, B/L이 없어서 수입자가 화물을 찾지 못한다면 얼마나 난감하겠는가. 이 경우 B/L 원본이 아닌 팩스나 이메일로 받는 B/L 사본으로도 물건을 찾을 수 있는데, 이러한 B/L을 SURRENDERED B/L이라고 한다. ORIGINAL B/L은 B/L에 ORIGINAL 도장이 찍힌 것이고, COPY B/L은 B/L에 COPY 도장이 찍힌 것이다. 마찬가지로 SURRENDERED B/L도 B/L에 SURRENDERED 도장이 찍혀 있다.

만약 서렌더 B/L을 마음대로 발행할 수 있게 하면 물품대금이 결제되지 않은 상황에서 수입자가 물건을 찾을 수 있으므로, 서렌더 B/L은 반드시 수출자가 운송회사에게 "B/L은 서렌더해주

Consignor/Shipper					
SUNGWOO TRADING GURO-DONG, GURO-GU, SEOUL, KOREA TEL: 02-000-000			**BILL OF LADING** OR MULTIMODAL TRANSPORT DOCUMENT		
			Bill of Lading No. HMCE15354866		
Consignee(Complete Name and Address/Non-Negotiable Unless Consigned to Order)					
GU ENG MICHIGAN, USA TEL: +1 734-000-0000			**MARE LOGISTICS**		
Notify Party					
SAME AS ABOVE					
			For Delivery of Goods Please Apply to: C.T FREIGHT PTY LTD - MELBOURNE 12 - 14 TRADE PARK DRIVE TULLAMARINE VIC 3043 T: 61 3 9338 8388 F: 61 3 9330 3030 CONTACT: DOO KIM / BOB YOON		
Pre-Carriage by		Place of Receipt INCHEON PORT, KOREA			
Vessel / Voyage No.			Port of Loading INCHEON PORT, KOREA		
Port of Discharge DOLOMITE, USA		Place of Delivery DOLOMITE, USA		Final Destination(For the Merchant's Ref. Only)	
Particulars Furnished by Consignor/Shipper					
Container No. & Seal No. Marks & No. N/M EKFLCKF15662/GKELFK153578	No. & Kinds of Containers or Packages 8 PKGS 20'DV x 1	Description of Goods REFRIGERATOR INVOICE NO.: PI1120		Gross Weight (KGS) 7,633.000KGS	Measurement (CBM) 22.000CBM

SURRENDER

B/L이 서렌
더되었음을
알 수 있다.

CY/CY
Excess Value Declaration(Refer to §II- 4.3) :   "FREIGHT PREPAID"

Total Number of Containers or Packages(In Words) SAY : ONE (1) CONTAINER ONLY.		Freight Payable at SEOUL, KOREA	
Freight & Charges FREIGHT PREPAID AS ARRANGED	Prepaid / Collect	Received by the Carrier, the Goods specified herein in apparent good order and condition unless otherwise stated, to be transported to such place as agreed, authorized or permitted herein and subject to all the terms and conditions appearing on the front and reverse of this Bill of Lading or Multimodal Transport Document(hereinafter called the 'B/L') to which the Merchant agrees by accepting this B/L, notwithstanding any local privileges, customs or any other agreements between the parties. The particulars of the Goods provided herein were stated by the shipper and the weight, measurements, quantity, condition, contents and value of the Goods are unknown to the Carrier. In witness whereof three(3) original B/L(s) have been signed unless otherwise stated herein. If two(2) or more original B/L(s) have been issued and either one(1)has been surrendered, all the other(s) shall be null and void. If required by the Carrier one(1) duly endorsed original B/L must be surrendered in exchange for the Goods or delivery order.	
		Signature	
Place and Date of Issue	No. of Original B/L THREE (3)		
Bill of Lading No. HMCE15354866		As a Carrier	

Authorized By *Korea International Freight Forwarders Association 1997*(210×297㎜)

세요."라고 말해야 운송회사에서 서렌더 B/L을 발행한다. 서렌
더 B/L이 발행되면 ORIGINAL B/L은 발행되지 않는다.

SURRENDERED B/L 발행시 주의사항

팩스든 이메일이든 서렌더 B/L만 있으면 수입자가 물건을 찾을 수 있으므로 믿을 만한 업체인 경우에 한해서만 발행하도록 한다. 서렌더 B/L을 발행하면 거리가 가까운 일본이나 중국에서 화물을 인수할 때 B/L이 없어서 물건을 찾지 못하는 경우가 없고, 원본 서류를 보낼 때 발생하는 우편료도 아낄 수 있다.

둘째, 판매를 위한 ORDER B/L이다. 보통 발행된 비엘에는 받는 사람CONSIGNEE의 이름이 기재되는데, 이것을 기명식 B/L이라고 하며 영어로는 STRAIGHT B/L이라 한다. 이와 달리 받는 사람 기재란에 이름 대신 'TO ORDER' 또는 'TO ORDER OF SHIPPER'가 기재되기도 하는데, 이름 대신 ORDER가 들어갔다고 해서 이러한 B/L을 'ORDER B/L'이라고 부른다. 실무에서는 결제수단이 신용장일 때 많이 이용되는 B/L이다.

기명식 B/L 같이 받는 사람이 기재되어 있으면 수출자가 B/L을 판매하기가 곤란하다. 그래서 이름 대신 ORDER를 기재하며 수출자는 B/L 뒤에 배서(수표 뒷면에 이름을 적는 것)를 해서 물건을 구매하려는 사람에게 넘긴다.

수표의 경우 다른 사람에게 넘길 때 배서를 해서 주는 것처럼 오더 B/L도 배서를 하게 되면 B/L을 받는 사람이 그 B/L의 소유자가 된다. 배서를 할 때 B/L을 받는 사람이 누구인지

: ORDER B/L과 기명식 B/L :

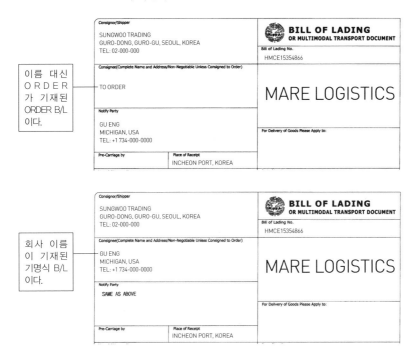

이름 대신 ORDER 가 기재된 ORDER B/L 이다.

회사 이름이 기재된 기명식 B/L 이다.

기재하지 않고 수출자 자신의 이름만 기재하는 것을 'BLANK
ENDORSEMENT무기명배서'라고 한다.

셋째, 제조자를 숨길 수 있는 스위치 B/L이다. 중계무역에서
많이 쓰이는 스위치 B/L은 보내는 사람, 즉 SHIPPER 등을 바꾸
는 B/L을 말한다. 중계무역은 예를 들어 한국의 성우통상이 중
국의 연필 제조회사에게 연필을 사서 미국의 바이어에게 파는
과정을 말한다. 성우통상 입장에서는 미국의 바이어에게 중국의
연필 제조업체가 알려지거나 또는 중국의 연필 제조업체가 미국

의 바이어를 알게 되면 좋을 것이 없다. 서로를 알게 되면 굳이 성우통상을 거치지 않고 직거래를 할 수도 있기 때문이다. 그래서 보통 독점계약을 맺거나 스위치 B/L을 발행해 제조자와 구매자의 정보를 양측에게 숨긴다. 다만 스위치 B/L의 경우 운송회사와 잘 상의해서 차질이 없도록 해야 한다.

스위치 B/L 발행의 예 ①

첫 번째 사례는 물건을 제조자에게서 바로 구매자에게 보내는 경우다. 성우통상은 중국 연필회사의 연필을 구매해서 미국 GU ENG에 바로 보낼 예정이다.

중국에서 미국으로 바로 가게 되면 제조자와 구매자가 노출된다. 그러므로 성우통상은 일단 중국 연필회사가 보낸 B/L을 받아서 운송회사에 다시 제출하고, 보내는 사람의 이름을 바꿔서 B/L을 발행한 후 미국으로 보냈다. 이 경우 제조국은 중국임을 알 수 있다.

스위치 B/L 발행의 예 ②

두 번째 사례는 제조자의 화물이 중계국에 들렀다 구매자에게 보내지는 경우다. 성우통상은 중국 연필회사의 연필을 구매해서 미국 GU ENG에게 보낼 예정이다.

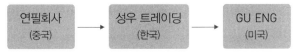

이번에는 중국 연필회사에게 화물을 한국으로 보내라고 요청했다. 그래서 B/L은 중국에서 한국으로 보내졌다. 한국의 항구에 도착한 화물은 보세구역에서 다시 다른 배에 실려 미국으로 보내진다. 이때 B/L에는 수출자 '성우통상', 수입자 'GU ENG'로 기재된다. 이로써 GU ENG는 제조국이 중국임을 알 수 없게 된다.

- **보세구역**: 수입통관을 기다리고 있는 화물을 모아두는 곳이 보세구역이다. 수입되는 모든 화물은 통관 후 관세를 납부하는데, 아직 관세가 정해지지 않은, 즉 통관되기 전을 '보세'라고 한다. 막 도착한 컨테이너가 모여 있는 CY 등이 보세구역이다.

중계무역에서도 쓰이는 반송통관은 무엇인가?

앞서 살펴본 사례에서 성우통상은 제조자를 숨기기 위해 중국 제품을 우리나라의 보세구역에서 다시 배에 실어서 미국으로 보냈다. 이때 우리나라 보세구역에서 제품을 미국으로 보내기 위해 배에 실을 때도 통관을 진행해야 한다. 이러한 통관을 '반송통관'이라 한다. 반송은 수출통관과 유사하게 진행된다.

B/L은 사고팔 수 있다

우리가 집을 살 때 돈을 주고 집을 받지는 않는다. 돈을 주고 집문서를 받는다. 이때 집문서를 산 사람이 집주인이다. B/L도 집문서와 마찬가지로 사고팔 수 있다. B/L을 판다는 것은 곧 배에 실린 물건을 판다는 뜻이다.

예를 들어 한국의 성우통상은 중국의 A광산에서 광물을 구매했다. 광물을 실은 배가 한국에 도착했다. 성우통상은 한국에 있는 B제철소에 이 광물을 판매하기로 했고, B제철소는 성우통상에서 B/L을 구매했다. B제철소는 구매한 B/L을 가지고 수입통관을 해 해당 광물을 인수했다. 이와 같이 B/L을 팔고(양도) 사는(양수) 것을 'B/L 양도양수'라고 한다.

직구에 편리한
택배

요즘은 공구(공동구매) 또는 직구(직접구매)라고 해서 해외 사이트에서 저렴하고 좋은 제품들을 많이 구매하고 있다. 이러한 제품을 구매해 한국까지 가져올 때 포워딩을 통해 직접 배나 비행기를 예약해 물건을 실어오지는 않는다. 대부분은 배송비를 내고 기다리면 집까지 배달해주는 택배 서비스를 받는다. 이러한 서비스는 해외제품을 구매하는 구매자도 편리하지만 반대로 해외에 제품을 판매하는 판매자도 편리하다. 이러한 택배 서비스에는 무엇이 있는지 알아보자.

45kg 이하일 때 이용하는 쿠리어 또는 국제택배

보통 톤 단위로 물건을 보낼 때는 배를 이용하고, 45kg 이상이면서 화물이 그렇게 크지 않은 경우 포워더를 통해서 비행기로 물건을 보내거나 받는다. 45kg 이하일 때는 보통 '국제택배'라고도 불리는 쿠리어COURIER를 이용한다. 주로 B/L과 같은 서류를 보낼 때 많이 이용한다.

택배는 인터넷 쇼핑몰 등을 통해 제품을 주문하면 집까지 배송해주는 서비스로, 국제택배의 경우 다른 나라의 제품을 구매하면 그 나라에서 우리 집까지 주문한 물건을 배송해주는 것을 말한다. 포워더를 통해서 진행하는 항공운송처럼 쿠리어도 비행기를 이용해서 배송한다. 차이가 있다면 쿠리어는 전화 한 통화로 수출지에서 화물을 직접 픽업해 수입자의 집까지 배송해준다는 점이다. 화물이 작고 무게가 가벼운 경우 포워더를 통해 운송하는 것보다 쿠리어, 즉 국제택배 운송료가 오히려 저렴한 경우도 있다. 그래서 보통 항공포워더들은 보내는 물건이 대략 45kg 정도라면 쿠리어 이용을 유도하기도 한다.

보통 쿠리어는 전화로 픽업 예약을 하는데, 이때 수입지 현지

: 쿠리어와 항공포워더 비교 :

	쿠리어	항공포워더
접촉	전화, 홈페이지 예약	전화, 이메일
픽업	쿠리어	포워더 또는 직접 운송회사와 접촉
국제운송	비행기	비행기
수출통관	쿠리어	관세사
수입통관	쿠리어	관세사
보내는 제품	작고 가벼운 제품 45kg 이하의 제품	작고 가벼운 제품 45kg 이상의 제품

의 통관 사정이나 기타 최신 정보를 알 수 있다는 장점도 있다. 이런 장점을 잘 살려서 화물을 운송하는 데 참고하도록 하자. 물론 포워더와 쿠리어의 운송료 견적을 반드시 받아서 잘 비교해봐야 한다.

쿠리어에는 어떤 업체가 있나?

해외에서 우리 집까지 배송해주는 국제택배 업체인 쿠리어에는 대표적으로 DHL, FEDEX, TNT, 우체국이 있다. 이들 배송업체는 공통적으로 전화 한 통화면 간단히 화물을 픽업해 자체적으로 보유중인 관세사를 통해 수출과 수입통관을 진행(우체국의 경우에는 수출자가 직접 관세사를 통해서 통관을 해야 한다)하며, 일반적인 택배처럼 수입자에게 화물을 직접 배송해준다. 특히 운송장에 적혀 있는 번호Tracking No.로 화물이 어디까지 배송되고 있는지 인터넷으로 화물 추적이 가능해 편리하다. 또한 토요일에도 픽업이 가능하다.

- DHL: 독일에 본사를 둔 세계적 종합물류기업 (www.dhl.co.kr / 전화 1588-0001)

- FEDEX: 미국의 우편 및 화물특송 회사 (www.fedex.com/kr / 전화 080-023-8000)

- EMS: 우체국 국제특송. 운임이 가장 저렴하나 통관 등은 수출자가 직접 해야 하고, 보낼 수 있는 물건에 제한이 있다. (www.epost.go.kr / 1588-1300)

쿠리어 비용을 알아보고 직접 이용해보자

1. 쿠리어 이용료를 알아보자.

물건을 많이 사면 가격을 깎아주듯이 쿠리어 이용에도 할인이라는 것이 있다. 경우에 따라서는 40% 이상의 할인도 가능하므로 쿠리어 영업사원과 잘 협의해 진행하는 것이 좋다. 기본적으로 DHL이나 FEDEX와 같은 외국계 쿠리어사는 전화로도 간단히 문의가 가능하며, 영업사원을 통해서 운송료 견적을 받을 수도 있다.

인터넷에서 EMS 운송료를 알아보자

① 우체국 국제특송 홈페이지(www.epost.go.kr)에 들어간다.
메인 화면에서 '우체국 EMS'를 클릭한다.

② 왼쪽의 메뉴 중 'EMS 국가별 요금안내'를 클릭하면 '배달
소요일/요금조회'가 나온다.

③ 제품에 해당하는 내역을 선택한 후 '조회하기'를 클릭한다.

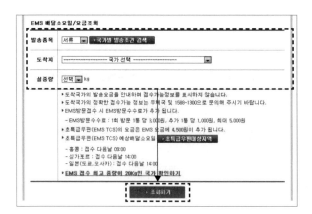

④ 검색한 내용에 대한 운임 및 배달 소요예정일을 확인한다.

조회결과 : 대한민국 → 미국(US)		*적용요금은 1박스 기준입니다.	
예상배달소요일	3 - 5 일 배달보장일검색	적용요금	25,600 원
선택하신 도착지는 배달지연국가로 10일이상 지연될수 있음			

▶예상 배달소요일수는 서울지역 오전중 (일부 우체국은 11:00) 접수된 우편을 기준으로 한 것입니다.

2. 운송장을 작성해보자.

쿠리어는 전화로 간단히 픽업이 가능하지만 기본적으로 사업
자등록증이 있어야 가능한 서비스다. DHL과 같은 운송사는 인
터넷에서 운송장 작성이 가능하다. 운송장은 우체국을 방문하거
나 DHL 배송요원에게 요청하면 얻을 수 있다. 다음은 EMS의
운송장 작성방법이다. (참고로 쿠리어 운송장은 영어로 'WAYBILL'이
라고 한다.)

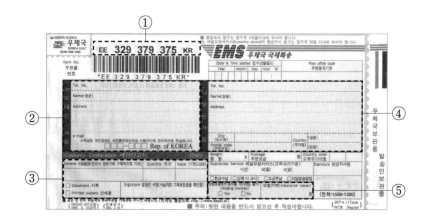

① 송장번호로 Tracking No.라고도 한다. 우체국 국제특송 (ems.epost.go.kr) 홈페이지에서 송장번호로 화물 위치 확인이 가능하다.

② 보내는 사람을 기재하는 곳이다.

- Tel. No.: 국가번호, 전화번호 순으로 쓰면 된다. 예) 02-111-0100 → +82-2-111-0100(지역번호에서 0은 빼고 기입한다.)
- Name(영문): 개인은 이름과 성 순으로 기입한다. 기업일 때는 영문명을 기재하면 된다. 예) SUNGWOO TRADING
- Address: 우리나라는 시·구·동 순으로 기재하지만 영문에서는 반대로 기재한다. 예) 서울시 영등포구 영등포동 → YEONGDEUNGPO-DONG, YEONGDEUNGPO-GU, SEOUL, KOREA

③ 세관에서 확인하는 사항이다.

- Contents: 보내는 제품에 대해 기입하는 곳이다. 예) 미국으로 B/L 원본을 보낼 경우→SHIPPING DOCUMENT
- Number: 수량을 기입한다. 예) 1
- Value: 보내는 제품의 대략적인 가격을 기입한다. 예) 10달

러→10

- Document, Printed papers : 서류인지 인쇄물인지 표시하는 공
간이다. EMS는 서류를 보낼 때 쓰는 운송장과 물건을 보낼 때
쓰는 운송장이 다르다.

- Signature : 보내는 사람의 이름을 쓰는 곳이다. 예) YONGSIK
KIM, +82-10-000-0000

④ 받는 사람을 기재하는 곳이다.

- Tel. NO. : 전화번호를 기재한다. 예) +1-00-000-0000

- Name : 받는 사람의 이름을 기재하는 곳이다. 예) GU ENG,
MR.BREAD(기왕이면 담당자 이름도 함께 기재하는 것이 좋다.)

- Addess : 받는 사람의 주소를 기재하는 곳이다. 예) MICHIGAN,
USA

- Postal code : 우편번호를 기재하는 곳이다. 우편번호는 반드시
알고 있도록 한다. 예) 11111(외국은 우편번호가 숫자 5개 또는 영문
으로 되어 있다.)

- Country : 받는 쪽의 국가명을 기재한다. 예) USA

⑤ 제품 손상에 대비해 보험에 가입할 것인지에 대해 표시하
는 곳이다. 보험을 가입하기 위해서는 보내는 제품의 정확한 가
격을 기입해야 하며, 추후 문제가 생겼을 때 그 가격을 기준으로
보험금이 나온다.

핸드캐리는 무엇인가?

쿠리어 외에 이용할 수 있는 배송 시스템으로 핸드캐리Hand Carry가 있다. 핸드캐리는 본인이 직접 들고 가거나 업체를 통해서 배송하는 것을 말한다. 본인이 직접 들고 가는 경우는 해외로 갈 일이 있을 때, 물건을 비행기 내에 들고 타거나 비행기에 짐을 붙여서 해외로 가지고 나가는 것을 말한다.

그 외에 업체나 개인을 통해서 배송하는 것 또한 핸드캐리라고 한다. 요즘 많이 활성화되고 있는 핸드캐리로는 '따이공'이라는 것이 있는데, 주로 우리나라와 중국을 오가는 일종의 보따리 상인들을 말한다. 이들을 통해서 각종 샘플과 서류 등을 배송하거나 배송을 받기도 한다.

무역에서는 수출할 때 한 번, 수입할 때 한 번, 총 2번의 통관이 이루어진다. 통관을 진행하는 세관은 보통 수출에는 관대하지만, 수입에는 매우 엄격하다. 이를 잘 확인해 통관을 제대로 진행해보자.

> **수출입 과정:** 발주 → 국내운송 → 수출통관 → 국제운송 → 수입지 항구(혹은 공항)에 도착 → **수입통관** → 국내운송 및 화물 인수

수입할 때 반드시 거쳐야 하는
수입통관

수입통관은
어떻게 해야 하나?

수입통관을 간단히 끝내는 방법

우리는 해외로 나갈 때 공항 내 출입국 관리소에서 출국검사를 받는다. 우리나라로 들어올 때도 입국검사를 받는다. 제품도 마찬가지로 수출될 때 국가기관인 세관의 검사를 받는데 이를 '수출통관', 다른 나라의 제품이 수입될 때 받는 검사를 '수입통관'이라고 한다.

수입통관은 보통 관세사를 통해 진행하며, 관세사가 통관에 필요하다고 요청하는 서류를 준비하면 된다. 통관에 필요한 서류를 알기 위해서는 HS CODE 또는 세번을 반드시 알고 있어야 한다.

HS CODE만 알면 수입되는 제품의 관세, 수입이 가능한 품목인지의 여부, 그리고 통관에 필요한 서류 내역 등을 확인할 수 있다. HS CODE로 관세, 수입 가능 여부 등을 확인하기 위해서는 유니패스라 불리는 '관세청 전자통관시스템'을 이용하거나 전자통관 기술지원센터(1544-1285)에 문의하면 된다.

수출통관에는 인보이스, 패킹리스트 등의 서류가 필요하며, 수입통관에는 인보이스, 패킹리스트 외에 추가로 B/L(또는 AIRWAYBILL)과 같은 운송장이 필요하다. 그리고 제품 운송시 필요한 팔레트가 나무로 되어 있으면 반드시 수출 전에 방역을 해야 한다. 수입지 세관에서는 경우에 따라 방역을 했는지의 여부를 확인하기 위해 방역증명서를 요구하기도 한다.

수입지에서 화물이 처리되는 과정을 알아보자

수입지 항구나 공항에 도착한 화물이 처리되는 과정을 살펴보자. 이해를 돕느라 FCL, LCL, 항공화물이 처리되는 과정을 각각 제시했지만 실무에서는 사실 수입자가 직접 B/L을 발급받아 CY, CFS, 화물 터미널에 제출하기보다는 ① B/L이나 AIRWAYBILL을 운송사에 보내고, ② 운송사에서 요청하는 관세 등의 비용을 납부한 후, ③ 언제까지 화물을 입고시킬지 운송사와 입고 시간을 조율해 화물을 수입자에게 배송해준다.

: FCL인 경우 :

> 국제운송 ⋯ 수입지 항구 도착 ⋯ CY(컨테이너의 경우) ⋯ 운송회
> 사에 B/L 제출 ⋯ D/O를 받아서 CY에 제출 ⋯ 통관 ⋯ 관세 및
> 각종 비용 납부 ⋯ 수입자에게 컨테이너 배송

: LCL인 경우 :

> 국제운송 ⋯ 수입지 항구 도착 ⋯ CY ⋯ CFS ⋯ 운송회사에
> B/L 제출 ⋯ D/O를 받아서 CFS에 제출 ⋯ 통관 ⋯ 관세 및 각
> 종 비용 납부 ⋯ 수입자에게 화물 배송

: 항공화물인 경우 :

> 국제운송 ⋯ 수입지 공항 도착 ⋯ 공항화물 터미널 ⋯ AIRWAYBILL
> 을 운송회사에 제출 ⋯ D/O를 받아서 화물 터미널에 제출 ⋯ 통관
> ⋯ 관세 및 각종 비용 납부 ⋯ 수입자에게 화물 배송

- D/O: 위의 도표에서 D/O는 Delivery Order의 약자로 우리말
  로는 화물인도지시서다. CFS나 CY에 있는 화물은 운송회사에
  서 맡긴 것이다. 그러므로 CY나 CFS 관리자는 운송회사의 화
  물 출고 관련 서류가 있어야 하는데, 이것이 D/O다. 수입자
  는 D/O가 있어야 화물을 찾을 수 있으며, D/O는 수입자가

AIRWAYBILL이나 B/L을 운송회사에 제출해야 받을 수 있다. 만약 국제운송료를 수입자가 부담하는 것이라면 운송료를 지불한 뒤 D/O를 받을 수 있다.

세관의 제품 검사

세관에서는 수출할 때보다 수입할 때 제품을 좀더 엄격하게 지켜본다. 그래서 조금이라도 의심스럽거나(예를 들어 일반적인 제품에 비해서 무게가 너무 무겁거나 가볍거나) 의심스러운 나라에서 오거나 하는 등의 다양한 이유로 제품 검사를 하기도 한다.

이 검사는 서류검사에서 그치지 않고 엑스레이 장치를 통해 컨테이너를 스캔하며, 경우에 따라서는 화주(화물의 주인인 수입자)의 입회하에 컨테이너를 열기도 한다. 보통 DHL과 같은 쿠리어의 경우, 운송사에서 자체적으로 엑스레이 투시기로 제품 검사를 하고 이후에 세관과 쿠리어가 제품을 무작위로 골라낸 뒤 다시 검사하기도 한다.

수입신고가 완료되면 발행되는 수입신고필증을 읽어보자

수입통관이 완료되면 세관에서 수입신고를 마쳤음을 증명하는 수입신고필증이 발행된다. 수입신고필증에는 다양한 내용이 기재되는데, 다음에 제시된 수입신고필증(191쪽)을 참고해 주요 내용을 살펴보자.

: 수입신고필증 :

① 신고번호: 수입신고시 세관에서 부여하는 번호다. 세관에 문의할 때 이 번호를 가지고 문의하면 된다. 예) 11111-11-111111U

② 신고일: 수입신고일자다. 예) 2015/10/20

④ B/L(AWB)번호: B/L 또는 AIRWAYBILL 번호가 기재된다.

⑥ 입항일: 항구나 공항에 배나 비행기가 들어온 날짜다. 예) 2015/10/20

⑩ 신고인: 수입신고를 한 사람이다. 자가통관이라고 해서 수입업체가 직접하기도 하지만 관세사를 통해서 수입신고를 하기도 한다. 예) 미래관세사무소 조미래

⑪ 수입자 : 화물을 수입하는 업체다. 예) 성우통상

⑬ 운송주선인: 운송회사가 기재된다. 예) 마레 로지스틱스

⑭ 해외거래처: 해외수출자를 말한다. 예) GU ENG

⑲ 원산지증명서 유무: 원산지증명서가 있는지 여부다.

㉝ 모델 규격: 수입제품의 모델 규격이 기재된다.

㉟ 수량: 수입제품의 수량이 기재된다.

㊱ 단가: 수입제품의 단가가 기재된다.

㊲ 금액: 수입제품의 금액 등이 기재된다.

㊳ 세번부호: HS CODE를 말한다. HS CODE를 통해서 관세나 수출입이 가능한 품목인지도 확인이 가능하다.

HS CODE(세부번호)는 잘 부여받도록 하자

HS CODE는 수출이나 수입되는 제품을 일정한 기준에 따라서 세분화해놓은 것이다. 예를 들어 곡식의 경우 곡식 그대로인지 빻은 형태인지에 따라, 광물의 경우 가루냐 아니냐에 따라 관세 등이 달라진다. 그러므로 잘못된 HS CODE를 정해서 세관으로부터 불이익을 당하지 않도록 경험 있는 관세사와 잘 상의하도록 한다. 제일 좋은 방법은 세관에 샘플 등을 보내서 제품의 세번이 어떻게 되는지 확인하는 것이다.

㊴ 과세가격(CIF) : 관세를 부과할 때 기준이 되는 가격이며 원화와 달러 등으로 표시된다. 예를 들어 수입 때 부과되는 관세는 '과세가격의 몇 %' 이런 식으로 부가된다. CIF는 운임보험료를 포함한 가격이다. 수출제품 가격이 1만 달러, 운송료가 50만 원, 보험료가 0원이면 과세가격인 CIF 가격은 '1만 달러+50만 원+0원'이 된다. 여기서 1만 달러는 원화로 환산해야 하는데, 환율은 관세청에서 고시하는 환율을 참고한다.

과세가격(CIF)	$10,000
	₩11,411,000

관세청 고시환율

외화로 수입되는 제품에 대한 관세 및 과세환율 등을 계산하기 위해서는 관세청 고시환율을 참고하면 된다. 고시환율을 확인하기 위해서는 검색창에서 '관세청 고시환율'을 치면 '인터넷통관포털 주간환율'을 찾을 수 있는데, 이것을 클릭하면 된다.

아래의 주간 환율 조회에서 기준일자와 '수출'인지 '과세' 즉 수입인지를 표시한 후 조회 버튼을 클릭하면 된다. 참고로 통화 부호는 알파벳순으로 되어 있으므로 달러(USD)를 찾으려면 밑으로 많이 내려가야 한다.

㊾ 세종: 세종은 세금의 종류로 여기서는 관세와 부가세를 말한다. 수입신고필증에는 '관' '부'로 표시된다.

㊿ 세율: 과세가격에 대한 세금의 비율을 말한다.

㊵ 세액: 과세가격을 세율로 계산해서 나온 금액이다.

- 관세 계산: 과세가격(CIF)×관세율

- 부가세 계산: (과세가격+관세)×10%

과세가격은 1,000,000원, 관세율은 6.5%다.

세종	세율	세액
관	6.50	65,000
부	10.00	106,500

㊼ 결제금액(인도조건-통화종류-결제방법): 인도조건은 인코텀즈의 가격조건을, 통화종류는 원화인지 달러인지를, 결제방법은 송금인지 아닌지를 표시하는 것이다. 무역에서 결제방법으로는 송금인 T/T와 신용장 등이 있다(결제방법은 8일차를 참고하자). 예) FOB-USD-1,000-TT

㊽ 총과세가격: HS CODE별로 되어 있는 과세가격의 총 합이다. HS CODE가 하나이면 과세가격과 총과세가격은 동일하다.

㊿ 운임: 국제운송료이며 원화로 표시된다.

통관시에는 돈이 든다, 수입통관자금

　몰라서 손해보는 대표적인 분야가 무역이며 그 중에서도 수입이 아닐까 한다. 수입시에는 다양한 비용이 발생하는데, 대표적으로 관세가 있고 그 외에 기타 운송료 등이 있다. 이제부터 수입통관 때 들어가는 일반적인 비용에 대해 알아보도록 하겠다.

　화물이 수출지에서 출발하면 운송사에서는 화물의 수입지 예상도착시간을 알려준다. 그리고 결제를 요청하며 서류를 보내주는데, 이것을 '통관자금내역서'라고 한다. 이 내역서에는 통관시 발생하는 각종 수수료와 관세, 그리고 수입자의 공항까지 화물을 운송하는 데 소요되는 국내운송료 등 수입시 발생하는 각종 비용이 기재되어 있다.

　다음은 운송회사인 마레 로지스틱스가 성우통상에게 수입통관과 관련된 비용을 청구하는 내역서다.

　① 총과세가격: 세금 부과의 기준이 되는 가격이다. 모든 수입제품은 관세가 부과되는데 '금액의 몇 %' 이렇게 부과된다. 이때 관세의 기준이 되는 금액을 '총과세가격'이라고 한다. 참고로 총과세가격은 CIF 가격으로 계산된다. 즉 '제품가격＋운송료＋보험료'가 총과세가격이 된다.

198

<통 관 예 상 자 금 내 역 서>

	항목	공급가액	부가세	
	B / L N O.			
①	총 과 세 가 격	40,717,402		
②	관 세	2,646,630		
③	부 가 가 치 세	4,336,400		
	소 계 (1)	6,983,030		
④	항목	공급가액	부가세	
	OCEAN FREIGHT	136,212		
	EBS	170,265		
	THC	135,000		
	WF	4,420		
	DOC FEE	40,000		
	CCF	25,000		
	D/O CHARGE			
	통관 수수료	81,000	8,100	
	내륙운송료	490,000	49,000	
	HANDLING CHARGE	30,000	3,000	
	소 계 (2)	1,161,897	65,100	
	합 계 ((1)+(2))	8,144,927	65,100	
	입금요청금액	8,210,027		(단위 : 원)

○ 상기 내역서는 귀사 화물통관을 위한 예상자금내역서로서 실제 지출 금액과 다소 차이가 있을 수 있으며, 통관완료 후 영수증을 첨부하여 세부적으로 정산하게 됩니다.

"입금하신 후 전화 부탁드리겠습니다."

⑤ ○ 송금계좌번호 :

② 관세: 대부분의 수입제품은 통관시 관세가 부과된다. 관세는 보통 총과세가격의 6.5~8% 정도지만 몇 백 % 혹은 무관세가 되기도 한다. 정확한 관세는 HS CODE로 확인할 수 있다.

③ 부가가치세: 모든 제품에는 부가가치세라는 세금이 붙는데, 수입제품도 역시나 세금이 붙는다. 부가세라고 줄여서도 말하는데, '총과세가격+관세'의 10%가 부가세다.

④ 항목

- OCEAN FREIGHT : 해상운송료를 말한다.

- EBS : Emergency Bunker Surcharge의 약자로 우리말로는 유가 할증료다. 유가상승에 대비해 부과하는 비용이다.

- THC : Terminal Handling Charge의 약자다. 컨네이너 등이 부두 에서 처리되는 데 드는 비용이다.

- WF : WharFage를 말하는 것으로 부두이용료를 뜻한다. 요금은 FCL의 경우 컨테이너 1대당, LCL의 경우 CBM당 부과된다.

- DOC FEE : DOC는 Document를 뜻하는 것으로, 여기서는 D/ODelivery Order, 화물인도지시서라고 보면 된다. DOC FEE는 D/O 발 행비다.

- CCF : Container Cleaning Fee의 약자로 컨테이너 청소료다.

- **통관수수료** : 관세사의 통관수수료다. 보통 업무의 편의를 위해 관세사의 통관수수료 등을 포워더에서 모두 청구한다. 포워더 에게 각종 비용을 한꺼번에 송금하면 포워더 쪽에서 수수료나 관세, 부가세 등을 따로 납부하거나 전달한다.

- **내륙운송료** : 항구나 공항에서 수입자의 공장까지 배송하는 운 송료다. 수입자의 공장까지 차량이 없을 경우, 포워더에게 요 청하면 차량을 섭외해준다.

- HANDLING CHARGE : 포워더 업무 처리 비용이다.

⑤ 송금계좌 : 대부분의 기업결제는 송금으로 한다.

통관수수료를 계산해보자

통관수수료는 '인보이스 금액의 몇 %'와 같은 방식으로 계산된다. 하지만 최저수수료가 있어서 수수료는 적어도 만 원대 이상이다. 예를 들어 수입통관 수수료율이 0.2%고 수출통관 수수료율이 0.15%지만, 수출 최저수수료가 약 15,000원이고 수입 최저수수료가 3만 원인 경우, 인보이스 금액이 100만 원이면 수수료율에 따라 수출시 통관수수료는 1,500원, 수입통관 수수료는 2천 원이 된다. 하지만 최저수수료가 있으므로 수출시 수수료는 1,500원이 아닌 1만 5천 원이 되고, 수입시 수수료는 2천 원이 아닌 3만 원이 된다. 수수료율 및 최저수수료는 거래 관세사와 상의하도록 한다.

통관실무 용어 및 무역실무를 각개격파하자

무역을 꽤 오래한 무역실무자라도 경험해보지 않은 업무가 있을 것이다. 이제 설명할 내용은 어떻게 보면 당장은 급하지 않은 것들이다. 또한 막상 닥치더라도 충분히 할 수 있는 분야이니 너무 겁먹지 않았으면 한다. 많은 사람들이 어렵게 느끼는 각종 무역 용어들도 실제로는 그렇게 어렵지 않다.

돌려받기를 잘하자, 부가세환급과 관세환급

환급이란 말 그대로 돌려받는다는 뜻이다. 세금의 경우에도 돌려받을 수 있는 것이 있는데, 그 대표적인 것이 바로 관세환급과 부가세환급이다.

1. 부가세환급

부가세는 판매되는 모든 제품에 부가되는 세금으로 제품값의 10%다. 즉 제품을 파는 경우 10%의 부가세를 붙여서 판매하고, 제품을 구매하는 경우 10%의 부가세가 붙은 제품을 구매하는 것이다. 그리고 매입부가세에서 매출부가세를 뺀 나머지를 돌려받는 것이 부가세환급이다. 예를 들어 1만 원어치의 제품을 샀다면 부가세는 1천 원이다. 9천 원어치의 제품을 팔았다면 부가세는 900원이다. 이 경우 돌려받을 수 있는 부가세환급액은 100원이다. 즉 '매입부가세(1,000원)-매출부가세(900원)=부가세환급액(100원)'인 것이다.

2. 관세환급

관세환급은 수출장려정책의 하나로 수입시 납부했던 관세를 어떤 조건이 맞으면 돌려주는 것이다. 예를 들어 수입했던 제품을 이용해 제품을 만든 후 다시 해외로 수출한 경우, 수입시 납부했던 관세를 환급받을 수 있다.

관세환급의 두 축, 개별환급과 간이정액환급

관세환급에는 2가지 방법이 있는데, 첫째는 개별환급이고, 둘째는 간이정액환급이다.

1. 개별환급

개별환급은 수출제품에 대해서 환급해주는 것으로 환급을 받기 위해서는 보통 개별환급신청서, 수입신고필증, 소요량증명서(실제로 수입제품이 수출제품 생산에 얼마나 사용되었는지 증명하는 서류), 기타 관세청장이 정한 서류 등이 있다.

개별환급액은 다음과 같다. 수입한 제품이 수출제품에 사용되었으면 그 수량에 따라 관세를 환급받는다. 예를 들어 드론 10대를 수출하기 위해 중국산 부품 100개를 수입하고 관세를 100만 원 납부했다고 하자. 실제로 부품 50개를 사용해서 드론 10대를 제작해 수출했다면 50개에 대한 관세 50만 원을 환급받을 수 있다. 환급에 대한 자세한 사항은 관세사와 협의하도록 한다.

2. 간이정액환급

'간이'는 간단하고 쉽다는 뜻이고, '정액'은 정해진 금액이라는 뜻이다. 즉 간단하고 쉽게 정해진 금액을 돌려받는 것이 간이정액환급이다. 개별환급의 경우 수출한 건에 대해서 각종 서류를 첨부해 환급을 요청해야 한다. 서류도 많고 까다로우며 소요량증명서 작성을 위해 소요량을 계산해야 하는데, 이는 기업 임의로 하는 것이 아니라 세관에서 정한 여러 가지 계산법 중 하나로 해야 한다. 이렇게 개별환급은 복잡하기도 하고 생소하다는 점 때문에 환급을 포기하는 기업들이 많다. 기업의 이러한 애로사항을 해소하기 위해 간단하고 쉽게 정해진 금액을 돌려받을 수 있도록 나온 것이 간이정액환급이다.

간이정액환급 방법은 다음과 같다. 간이정액환급 대상 업체가 간이정액환급률표에 나와 있는 제품을 수출한 경우, 수출신고필증 등으로 수출을 증명하면 환급받을 수 있다. 환급액은 '수출금액FOB 1만 원당 얼마' 이런 식으로 간이정액환급률표에 정해져 있다. 참고로 FOB로 된 수출금액은 수출신고필증 40번에 있는 총신고가격에 표시되어 있다.

간이정액환급율표를 찾아보자

간이정액환급율표는 인터넷을 통해 간단히 알아볼 수 있다. 그 방법은 다음과 같다.

① 관세청 홈페이지 상단의 오른쪽에 있는 '패밀리사이트'를 클릭한다.

② 중간쯤에 있는 '법령정보'를 클릭한다.

③ 관세청법령정보시스템에서 상단 메뉴중 '별표 · 서식'을 클릭한 후 '행정규칙 별표'를 클릭한다.

④ 제목 검색창에 '간이정액'을 검색해 나오는 간이정액환급률표를 확인한다.

: 2015년도 간이정액환급률표 발췌본 :

세번	품명	수출금액(FOB) 1만원 당 환급액
0304.74-0000	민대구(메루키우스Merluccius종 · 유르피키스 Urophycis종)	40
0304.84-0000	황새치(자이피어스 글래디어스Xiphias gladius)	50
0304.87-1000	참다랑어	90
0304.89-1000	붕장어의 것	20
0304.89-4000	쥐치의 것	30
0304.89-9000	기타	30
0305.20-4010	명태의 것	90
0305.59-3000	명태(북어)	90
0305.69-3000	갈치	150
0305.69-5000	고등어	90
0406.10-1010	모차렐라 치즈Mozzarella cheese	120
0406.30-0000	가공치즈(갈았거나 가루 모양의 것은 제외한다)	70
0505.10-0000	솜털과 충전재용 깃털	130
0506.90-2000	뼛가루	70
0507.90-1110	전지全枝	150
0603.14-0000	국화	10
0712.39-1020	표고버섯	70
0802.42-0000	껍데기를 벗긴 것	10

※ 자료: 관세청법령정보시스템

HS CODE가 0603.14-0000인 국화의 간이정액환급액을 환급
률표에서 보니 FOB 수출금액 1만 원당 10원이다.

클릭으로 끝나는 간이정액환급

과거에는 각종 서류를 작성해 환급신청을 했지만 지금은 온라인으로 모두 처리할 수 있다. 다음은 온라인으로 간이정액환급을 신청하는 과정이다.

① 검색창에서 유니패스를 치면 나오는 '관세청 전자통관시스템'을 클릭하거나, 다음과 같이 관세청 홈페이지에서 패밀리 사이트의 유니패스전자통관을 클릭한다.

② 유니패스 사이트에서 아이디와 비밀번호를 입력한 후 로그인을 한다. 참고로 유니패스 서비스를 이용하기 위해서는 사용자등록을 해야 한다. 사용자등록은 관세청 등에 문의하도록 한다.

③ 로그인 후 중간의 메뉴 중 업무처리에서 '관세환급' 메뉴를
클릭한다.

④ 좌측에 있는 메뉴 중 관세환급에서 '신청서작성'을 클릭한
다. 그다음 오른쪽에 있는 환급신청서를 클릭한다.

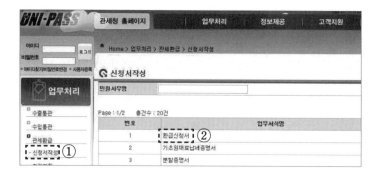

⑤ 수출용 환급신청서는 갑지와 을지로 되어 있다. 다음은 갑지에 대한 것이다. 갑지에 필요한 사항을 입력한다.

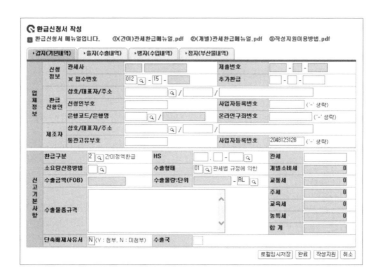

⑥ 갑지를 작성한 후 뒤이어 을지를 작성한다. 갑지와 을지를 작성해 관세를 환급받도록 한다.

정식통관 vs 간이통관 vs 목록통관

1.정식통관과 간이통관

수입통관을 하기 위해서는 가격정보와 HS CODE 등이 있는 인보이스, 제품의 크기와 무게 등이 기재된 패킹리스트, 그리고 선적증명이 되는 B/L을 세관에 제출해 신고한다. 세관의 검사가 완료되면 수입신고를 마쳤다는 수입신고필증이 나오는 것으로 통관이 완료된다.

이러한 과정은 보통 배워야 알 수 있지만 모든 국민을 대상으로 이러한 내용을 가르칠 수는 없다. 그래서 일정한 요건하에서는 인보이스, 패킹리스트가 아닌 수입신고서를 작성해 제출하는 것으로 간단히 수입통관을 마치도록 하기도 한다.

이 2가지의 통관을 구별하기 위해 인보이스, 패킹리스트 등의 서류를 제출해 신고하는 정식통관, 그리고 정식통관보다는 쉽고 간단하게 수입신고서를 작성해 제출하는 것으로 수입신고를 끝내는 것을 '간이통관'이라고 한다. 수입신고서는 비행기 안이나 도착지 세관에서 승객들에게 나누어준다. 간이통관이 되는 경우는 보통 휴대품(승객이 기내 등에 휴대해오는 개인용품이나 선물), 탁송품(쿠리어 등을 통해서 보내는 제품), 별송품(해외이삿짐과 같이 따로 보내는 물품), 우편물 등이 있다.

- **정식통관**: DHL이나 EMS와 같은 쿠리어가 배송하는 제품은

가격에 따라 정식통관, 간이통관 또는 목록통관이 된다. 즉 물품이 2천 달러를 초과하면 정식통관을 해야 하고, 이때는 인보이스, 패킹리스트 등을 제출해야 한다. DHL과 같은 쿠리어는 자체 통관부서가 있으므로 통관서류 및 제출 등은 이들 통관부서에게 문의하면 된다.

• **간이통관**: 100달러 초과, 2천 달러 이하인 물품은 간이 수입신고를 할 수 있다. 즉 수입신고서 등을 제출해 신고한다.

직구시 면세

우리가 제품을 수입하거나 해외에서 물건을 사올 때, 그리고 개인적으로 직구를 했을 때 세금은 얼마이고 어떻게 내야 하는지에 대한 내용은 관세청 홈페이지에서 확인할 수 있다. 이러한 정보들, 특히 직구시 면세가 어떻게 되는지를 알아보자.

① 일단 관세청 홈페이지(www.customs.go.kr)를 클릭한 후 상단의 메뉴 중 '관세행정안내'를 클릭한다.

② 왼쪽 메뉴를 보면 수입, 수출, 개인용품 등 갖가지 상황에 대한 통관 정보가 나열되어 있다. 일단 직구시 면세는 얼마 정도인지 알아보겠다. 왼쪽 메뉴 중 '수입'을 클릭한 후 하단에 나오는 '수입통관제도'를 클릭한다.

③ 오른쪽 중앙에 있는 메뉴 중 '간이한 수입신고절차'를 클릭하면 하단에 다음과 같은 내용이 나온다.

이를 통해 직구 면세는 과세가격 15만 원 이하일 때라는 것을 알 수 있다. 여기서 과세가격은 '운송료+제품가격+보험료'다.

2. 목록통관

우리는 쿠리어를 통해서 물건을 보낼 때 송장을 작성한다. 이 송장에는 성명, 전화번호, 물품명 등이 기재되는데(작성방법은 5일 차 '직구에 편리한 택배'를 참조한다), 인보이스나 패킹리스트도 필요없고 간이통관처럼 수입신고서 등의 작성도 필요없이 송장 제출만으로 통관이 된다. 목록통관은 물품이 100달러 이하이고 개인적으로 사용하거나 샘플인 경우에 진행이 가능하다. 쿠리어는 특송이라고도 한다.

목록통관(쿠리어 또는 특송시 통관)에 대해 더 자세히 알고 싶다면 관세청 홈페이지에 방문해보자.

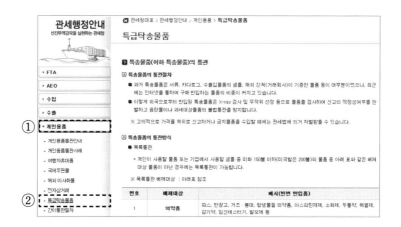

관세청행정안내에 들어가서 ① 좌측 메뉴 중 '개인용품'을 클릭한 후, ② '특급탁송물품'을 클릭하면 오른쪽에 특송시 통관에 관련된 내용들이 나오므로 필요한 내용만 유심히 보도록 한다.

정식통관에는 정식세율, 간이통관에는 간이세율이 적용

쉽게 말해 정식통관을 통해 부과되는 것이 정식세율, 간이통관을 통해 부과되는 것이 간이세율이다. 정식통관은 인보이스, 패킹리스트를 세관에 제출해 신고하는 것으로, 세관은 인보이스에 적힌 HS CODE를 보고 HS CODE와 관련된 세금을 부과한다(HS CODE는 4일차 '이렇게 하면 누구나 수출통관을 할 수 있다'에서 HS CODE 부분을 참조한다).

HS CODE는 제품별로 아주 세밀하게 나누어져 있고, 비슷한 제품이라도 HS CODE에 따라 관세가 달라진다. 예를 들어 돼지고기의 경우 냉장이냐 냉동이냐에 따라 관세가 달라진다. 냉장한 넓적다리살(HS CODE 020312)의 경우 기본관세율은 22.5%이며, 냉동한 넓적다리살(HS CODE 020322)의 경우 기본관세율은 25%다.

이에 반해 일반인들도 간단히 할 수 있는 간이통관은 정식세율에 따른 정식통관보다 복잡하지 않다. 예를 들어 커피의 경우 정식통관시에는 볶은 커피에서 카페인을 제거한 것과 제거하지 않은 것, 볶지 않은 커피의 경우 카페인을 제거한 것과 제거하지 않은 것, 또 커피의 껍데기와 껍질에 따라 관세가 다르다. 하지만 간이통관을 통한 커피의 간이세율은 일괄 20%로 단순하다.

이러한 간이세율은 관세청 홈페이지에서 확인할 수 있는데, 확인방법은 다음과 같다.

① 관세청 홈페이지에 있는 관세행정안내 좌측의 '개인용품' 을 클릭한 후 '간이통관절차'를 클릭한다.

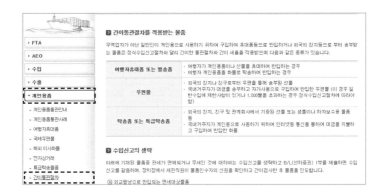

② 하단에 있는 '간이세율표 및 주요물품세율표'를 참조한다.

자가통관과 관세사통관

수출하거나 수입하는 제품에 대해 세관에 신고하는 과정인 통관은 꼭 관세사와 같은 전문가를 통해서 할 필요는 없다. 수출입을 하는 회사 담당자가 직접 온라인을 통해서 진행해도 된다. 이와 같이 수출입을 하는 업체가 직접 하는 통관을 '자가통관'이라고 하고, 관세사를 통해서 진행하는 통관을 '관세사통관'이라고 한다.

각종 무역장벽, 관세와 수출입요건

각 나라마다 강세를 보이는 분야가 있다. 우리나라의 경우 전자제품이나 자동차 쪽에서 우위를 보이는 반면, 동남아시아 국가들은 쌀과 같은 농산물 산업이 발달해 있다. 우리나라의 전자제품이나 자동차를 동남아시아 국가에 수출할 때, 이들 국가에서 우리나라 제품을 무조건 수입한다면 그 나라의 전자제품 산업이나 자동차 산업은 발전할 수 없을 것이다. 마찬가지로 동남아시아의 쌀을 우리나라로 무작정 수입하게 되면 우리나라 농부들은 큰 타격을 입게 된다. 그래서 한국의 농산물이나 동남아시아의 전자제품처럼 수입에 약한 자국의 산업 분야를 보호하기 위해 각종 장치를 만들었는데, 그 중 대표적인 것이 바로 관세와 수출입요건이다.

우리나라 산업에 큰 타격이 예상되면 관세를 높이 부과하거나 수출입을 할 때 조건을 두어서 수입을 어렵게 하기도 한다. 예를 들어 일반적인 공산품의 경우 수입관세는 6.5% 또는 8%다. 하지만 쌀의 경우 최대 684%의 관세가 부과된다.

수출입요건은 수출이나 수입을 하기 위해서는 특정한 조건을 만족시켜야 한다는 뜻으로, 그 목적은 일부 품목의 수출이나 수입의 제한이다. 예를 들어 총기·화약류를 수출입하고자 하는 사람은 그때마다 지방경찰청장의 허가를 받아야 한다.

수출관세와 수입관세

보통 관세는 수입시에만 부과되는 것으로 알고 있는데, 필요에 따라 수출시 부과되기도 한다. 예를 들어 중국은 '희토류'라고 하는 제자제품에 필수적인 원료에 대해 수출을 제한하기 위해 수출관세를 부과하기도 했다.

과세, 면세, 영세

무역이 어려운 이유에는 아마도 무역 용어가 큰 비중을 차지할 것이다. 여기서는 과세·비과세·영세·면세의 개념에 대해 이해해보도록 하자.

- 과세: 세금을 부과한다는 뜻으로, 수입시 세관으로부터 관세와 부가세가 부과된다. 관세는 '과세가격×관세율'이다.

- 면세: 세금을 면제해준다는 뜻이다. 특별한 조건하에서 수입시 관세가 면제되기도 한다. 예를 들면 총과세가격이 운임을 포함해 15만 원 이하이며, 국내 거주자 본인이 사용하기 위해 수입하는 물품은 면세다. 또는 수출했던 제품이 수리를 위해 재수입되는 경우, 수리 후 다시 수출하는 조건으로 관세를 면제받기도 한다.
- 영세: 세금이 '0'이 된다는 뜻으로 관세가 아닌 부가세에 적용된다. 모든 제품에는 부가세가 붙는다. 하지만 수출을 위해 국내에서 제품을 구매하는 경우에는 구매확인서 등을 발행하면 판매 업체는 부가세가 '0'인 영세율 계산서를 발행한다(참고로 구매확인서는 수출용 물품의 국내 조달을 증명하는 확인서다).

화물도착 전에 끝내는 수입통관

보통 선박이 항구에 도착하면 수입신고를 한다. 하지만 긴급하거나 필요에 의해 수입지에 도착하기 전에 수입신고를 하기도 한다.

- 출항전 신고 또는 입항전 신고: 수입물품을 적재한 선박이 출항이나 수입지 항구에 입항하기 전에 하는 수입신고
- 보세구역 도착전 신고: 수입물품이 보세구역에 도착하기 전에 하는 신고

- 보세구역 장치 후 신고: 수입물품이 CY에 도착한 후 하는 신고

B/L 양도양수로 관세를 피해보자

5일차 '운송의 꽃, 국제운송이란 무엇인가?'에서 B/L 양도양수를 배웠다. B/L 양도양수는 화물이 수입지 CY나 CFS 등의 보세구역에서 통관 대기중일 때 이루어진다. 그리고 B/L을 구매한 업체가 통관을 진행하는데, 이때 부과되는 관세는 B/L구매 업체가 부담한다.

예를 들어 성우통상이 중국에서 광물을 수입한 뒤 광물을 보세구역에 둔 채로 통관은 하지 않았고 국내의 B업체에게 B/L을 판매했다고 가정해보자. 이 경우 B/L을 구매한 B업체는 자기네 거래 관세사를 통해서 수입통관을 진행한다. 그다음 관세를 납부한 후 광물을 인수한다.

샘플이나 카탈로그를 보낼 때 제품 가격은 어떻게 해야 하나?

샘플은 파는 목적이 아닌 수입자의 참고를 위한 것이다. 제품 소개서인 카탈로그 또한 파는 목적이 아니기 때문에 값을 매기기가 애매하다. 샘플의 경우 샘플임에도 관세가 나오는 상황을 싫어하는 거래처도 있으므로 잘 협의해 샘플가격을 결정하는 것이 좋다. 카탈로그의 경우 가격은 보통 1달러 정도로 한다.

사유서 작성법을 파악하자

사유서는 상황이 왜 그렇게 되었는지를 문서로 작성하는 것이다. 무역을 하다 보면 사유서를 쓸 일이 종종 있는데 주로 세관 제출용이다. 예를 들어 수출신고를 잘못해 수출신고필증의 내용을 정정하는 등의 이유가 있다. 이때 세관에 제출하는 서류 중 하나가 사유서다. 사유서에는 왜 그런 일이 일어났는지에 대해 간략히 쓰고 회사 도장을 찍으면 된다.

직접 가져가는 전시물을 공항에서 통관하는 노하우

필자의 경우 해외전시회 등에 제품을 소개하기 위해 직접 전시물을 가지고 간 적이 있다. 이 경우 세관원들이 제품 확인을 하는데, 이때 제품명 및 금액 등이 기재된 인보이스가 필요하다. 세관원은 인보이스를 보고 관세를 책정하니 참고하기 바란다.

7일차에서 설명할 '국내운송'은 수출할 때의 국내운송과 거의 같다. 다만 화물을 항구로 보내는 것이 수출할 때의 국내운송이라면, 항구나 공항에 도착한 화물을 회사나 집까지 가지고 오는 것이 수입할 때의 국내운송이다.

> **수출입 과정:** 발주 ➔ 국내운송 ➔ 수출통관 ➔ 국제운송 ➔ 수입지 항구(혹은 공항)에 도착 ➔ 수입통관 ➔ **국내운송** 및 화물 인수

항구나 공항에서 제품을
내 회사까지
국내운송

회사까지 운송하기 위한
운송편을 찾아본다

　수입제품을 통관까지 완료했다. 이제 제품을 내 회사까지 운송해야 하는데, 수입통관이 완료된 상태에서 운송편을 찾으면 너무 늦다. 통관이 완료되면 CFS나 CY에서 화물을 빼야 하기 때문이다.

　이 장에서는 수입 후 화물을 자신의 회사까지 운송하는 과정인 '국내운송'에 대해 배워보겠다. 수출입 과정에서 수입제품의 국내운송은 거의 마지막 단계다.

　제품이 항구나 공항에 도착하면 2가지를 진행해야 화물을 받을 수 있다. 첫 번째는 (수입)통관이고, 두 번째는 내 창고까지 운송하는 국내운송이다. 통관을 위해서는 관세사와 접촉해야 하고, 컨테이너화물인 FCL이나 LCL과 같은 소량화물을 운송하기 위해서는 국내운송사와 접촉해야 하는데, 자신이 거래하는 관세사와 운송사를 이용하거나 포워더에게 모든 것을 일임하기도 한다. 이에 대해 좀더 자세히 알아보도록 하자.

첫째, 국내운송과 통관을 포워더에게 일임한다. 보통 업무 편의를 위해 포워더에게 국내운송 및 통관 등을 일임하기도 하는데, 이때 포워더는 자기가 거래하는 운송회사를 통해 국내운송을 하고, 관세사를 통해 통관을 진행한다. 그리고 포워더는 국내운송비와 통관비 및 수입에 소요된 각종 비용 등을 하나로 모아서 수입자에게 청구한다. 이 경우 수입자는 포워더가 요청한 금액을 확인하고 언제 화물을 회사로 입고시킬지에 대한 시간 협의만 하면 된다.

둘째, 국내운송은 포워더를 통해 소개받고, 통관은 거래하는 관세사를 통해 진행한다. 이번에는 국내운송만 포워더를 통해서 하고, 통관은 자신이 거래하는 관세사를 통해서 하는 경우다. 이 경우에는 통관비용 청구를 관세사에게 따로 받으며, 통관이 완료되면 포워더에게 알려서 화물을 CY나 CFS에서 꺼낸 뒤 운송할 시점을 협의해야 한다.

셋째, 아는 업체를 통해 통관과 국내운송을 한다. 통관과 국내운송을 포워더를 통해서 하지 않을 경우에는 통관이 완료되면 포워더에게 통지하도록 하며, 포워더와 국내운송업체가 협의해 CY 등에 있는 화물의 출고시점을 조율한다. 수입자는 국내운송업체와 포워더에게 회사에 화물을 입고해야 하는 시간을 통지해 차질이 없도록 한다.

내륙운송 견적을 받아보자

국내운송은 국제운송의 상대적 개념으로 독자의 편의를 위해 쓰는 용어로, 실무에서는 내륙운송이라는 말로도 많이 쓰인다. 내륙운송업체로는 내륙운송만을 하는 업체가 있고, 포워더를 하면서 내륙운송도 같이 하는 업체가 있다. 또는 포워더를 하면서 내륙운송을 소개해주는 업체도 있다.

각각의 경우가 다 장단점이 있으므로 비용이나 서비스 등을 잘 선택해 업무에 임하도록 하자. 참고로 내륙운송업체를 포워더를 통하지 않고 따로 접촉하고 싶다면, 인터넷 검색창에서 내륙운송만 검색해도 엄청나게 많은 업체를 찾아볼 수 있다. 내륙운송업체와 접촉하면 견적을 받게 되는데, 다음은 김포에서 부산항까지 20피트(20') 컨테이너와 40피트(40') 컨테이너의 운송료에 대한 견적서 작성 예시다.

: 내륙운송 견적서 작성 예시 :

㈜대박행진 로지스틱스

발행날짜 : 2015년 5월 20일
수   신 : ㈜성우통상
제   목 : 컨테이너 운송 견적의 건

1. 귀 사(부서)의 일익 번창하심을 기원합니다.

2. 아래의 내용과 같이 견적서를 보내드리오니 업무에 참조하시고 폐사가 귀 사의 물류업무에 일조할 수 있도록 배려 부탁드립니다.

- 아   래 -

(단위 : 원)

	20'	40'	비고
운송구간	김포 – 부산	김포 – 부산	VAT 별도
견적요율	500,000	570,000	

* 상차비 포함

㈜대박행진 로지스틱스
대표 엄소박

※ 위 견적서 금액은 이해를 돕기 위한 가상의 금액이므로 실제 견적은 운송사와 협의하도록 한다.

일의 마무리,
비용 정산은 제대로 하자

발주했던 제품이 국제운송을 통해 우리나라에 들어오면 운송사는 통관예상자금내역서를 발행한다(6일차 '통관시에는 돈이 든다. 수입통관자금'을 참조한다). 내역을 확인한 후 회계팀에 내역서를 전달하면 결제가 완료된다. 운송사는 자사에서 거래하던 관세사를 통해 통관을 한 뒤 거래 운송사를 통해 화물을 운송해 수입자의 공장까지 무사히 전달한다.

컨테이너가 공장에 도착하면 컨테이너에 잠금장치로 남아 있는 실(실은 컨테이너 잠금장치다. 실이 되어 있지 않은 컨테이너는 인수하면 안 된다)을 제거해 컨테이너를 열고 화물을 창고에 적재한다. 그리고 나면 포워더로부터 정산서가 담긴 이메일이 온다. 이메일에는 정산서와 인보이스, 각종 세금계산서, 수입신고필증, 영세율전자세금계산서가 첨부되어 있다. 이 서류들은 무엇인지 지금부터 알아보도록 하겠다.

정산은 꼼꼼하게 한다

정산은 '정밀하게 계산한다.'라는 뜻으로 수입통관을 할 때 통관예상자금내역서로 지출했던 통관비용을 다시 한 번 꼼꼼하게 따져본다는 의미로 작성된 문서다. 통관이 되어야 관세와 부가세 등 각종 비용이 정확하게 나오는데, 정확한 금액이 나오고 수입자에게 비용을 받아서 결제하는 데는 또다시 시간이 걸린다. 그래서 보통은 대략적으로 통관비용을 계산하고 수입자에게 청구해 통관비용을 결제한 뒤 나중에 돈이 남거나 모자라면 정산서에 그 내역을 기재한다(남거나 모자라지 않아도 정산서를 발급한다). 만약 금액이 남았다면 다음 통관시 결제 비용으로 쓰기 위해 운송사가 가지고 있거나 수입자가 돌려받기도 한다. 금액이 모자라는 경우에는 정산서를 보고 포워더에게 그 금액을 송금해준다.

정산서와 함께 오는 서류들을 확인해보자

보통 정산할 때 정산서와 함께 여러 서류를 받게 되는데, 여기에는 운송 및 항구에서 발생하는 비용 인보이스, 통관수수료 등과 관련된 일반 계산서, 부가세가 기재된 수입세금계산서, 관세납부영수증, 수입신고필증, 영세율전자세금계산서 등이 있다. 즉 포워더는 정확하게 얼마가 통관시에 발생했는지를 정산서에 기재하고 그에 따른 근거 서류를 첨부해서 보낸다. 무역담당자는 이 근거 서류와 정산서를 보고 혹 금액이 많이 지불된 것은 아닌지 확인할 수 있다(230~235쪽에 나열된 서류는 필자의 편의에 따라 삭제하거나 추가했으므로, 독자 여러분도 필요한 경우 포워더에 요청해 확인하도록 한다). 물론 이것은 일반적이라기보다는 포워더에 따라 다르다는 것을 미리 말해둔다.

- **정산서**: 정산서에는 보통 관세, 부가세, OCEAN FREIGHT 외에 WHARFAGE, THC, CCC 등 항구에서 발생하는 비용과 통관시 발생하는 통관수수료, 내륙운송비 등의 항목이 기재된다. 230쪽에 나오는 정산서 예시는 포워더인 마레 로지스틱스에서 성우통상에게 보내는 정산서다. 통관할 때 성우통상에게 대략적인 금액을 받아서 통관 후 정확한 지출 내역을 정산서를 통해 성우통상에게 통지한다.

- **비용 인보이스**: 정산서가 모든 비용에 대한 정확한 금액이 기재된 것이라면 비용 인보이스부터는 항목별로 나눠진 것이다. 비용 인보이스에는 운송료와 항구 등에서 발생한 THC, CCC, WHARFAGE과 같은 비용에 대해 정확한 금액이 기재된다.

- **통관수수료 등과 관련된 일반 계산서**: 통관수수료에 대해 발급된 계산서로, 부가세가 붙어 있는 일반적인 계산서다.

- **부가세가 기재된 수입세금계산서**: 수입통관이 되면 부가세가 나오는데, 그것에 대한 계산서다.

- **관세납부영수증**: 관세를 납부했음을 증명하는 세관에서 발행한 영수증이다.

- **수입신고필증**: 수입신고를 마쳤음을 증명하는 증명서다.

- **영세율전자세금계산서**: 부가세가 영(0)인 계산서다. 과거에는 종이에 출력했지만 지금은 온라인에서 입력해 이메일로 보낸다. 항구에서 발생한 비용들은 대부분 영세율이다.

: 정산서 :

마레 로지스틱스

정   산   서

REF : KABS1506055
㈜가야

2015년 7월 10일

선 명	SHANGHAI TRADER	I T E M	
B / L NO.	KABS1506055	CNTR NO.	TRHU2466743
신 고 번 호	12171-15-500433U	입금액	8,210,027
입 항 일 자	2015년 7월 3일	합계 (① + ②)	8,210,027
신 고 일 자	2015년 7월 3일	잔액	0
납 품 일 자	2015년 7월 8일	TOTAL 잔액	0

영세율항목		부가세항목	공 급 가 액	세 액
관세	2,646,630	통관 수수료	81,000	8,100
부가세	4,336,400	D/O CHARGE		
OCEAN FREIGHT	136,212	X-RAY CHARGE		
EBS	170,265	내륙운송료	490,000	49,000
		HANDLING CHARGE	30,000	3,000
INSURANCE		경인장비반납비	50,000	5,000
D/O CHARGE				
WHARFAGE	4,420			
THC	135,000			
DOC FEE	40,000			
C.C FEE	25,000			
경인장비반납비				
① 합 계	7,493,927	② 합 계	651,000	65,100

: 비용 인보이스 :

마레 로지스틱스

INVOICE

INVOICE NO : KABS1506055-02

B/L NO : KABS1506055
거래처 : (주)가야

출력일 : 2015-07-10
MRN :
MSN/HSN : 0000 / 000

VESSEL/VOY : SHANGHAI TRADER / 001E
P.O.L. : KAOHSIUNG, TAIWAN, TAIWAN,PROVINCE OF CHI   M.B/L NO : HDMUKAWB0323723
P.O.D. : BUSAN KOREA,   ONBOARD/ARRIVAL : 2015-06-28 / 2015-07-03
WEIGHT : 12,120.000 KGS   PKG'S : 81 PKG
MEASUREMENT : 25.000 CBM   TERM : CY/CY
CONTAINER : TRHU2466743
          20'DV x 1

운임내역	CURR	단가	외화금액	환율	원화금액	부가세
OCEAN FREIGHT	USD	120.00	120.00	1,135.1000	136,212	
E.B.S	USD	150.00	150.00	1,135.1000	170,265	
T.H.C.	KRW	135,000			135,000	
WHARFAGE	KRW	4,420			4,420	
DOCUMENT FEE	KRW	40,000			40,000	
CONTAINER CLEAN FEE	KRW	25,000			25,000	
내륙운송료	KRW	490,000			490,000	49,000
HANDLING CHARGE	KRW	30,000			30,000	3,000
경인장비반납비	KRW	50,000			50,000	5,000
TOTAL			270.00		1,080,897	57,000

담당자 : 김희동
TEL:02-2055-0993 FAX:02-2055-0997

청구금액 KRW   1,137,897

하나은행(KRW) : 554-910003-59204
하나은행(USD) : 554-910003-10332
하나은행(EUR) : 554-910003-11032
하나은행(JPY) : 554-910003-12632
예금주 : (주)우리로지스틱스

WOORI LOGISTICS Co., Ltd.

※ 통관수수료 및 관세 등을 제외한 비용이다.

: 통관수수료 등과 관련된 일반 계산서 :

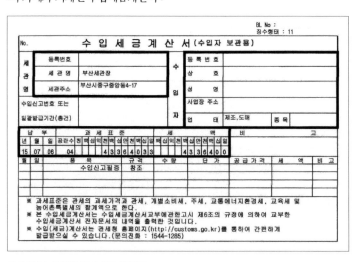

※ 관세사가 발행한 계산서로 부가세인 세액이 기재된 것을 볼 수 있다.

: 부가세가 기재된 수입세금계산서 :

※ 여기서 세액은 부가세를 말한다.

: 관세납부영수증 :

(별지 제14호 서식)

연락처 :		**납부영수증서[납부자용]**		File No :	
납부자 사업번호 :		담당자 :		B/L No. :	
회계구분	관세청소관 일반회계	담당부서 :		납부기한	2015년07월13일
회계년도	2015			발행일자	2015년07월03일
수입징수관 계좌 번호		납부서 번 호		납기내 금 액	6,983,030
				납기후 금 액	

※수납기관에서는 위의 굵은 선 안의 내용을 즉시 전산입력하여
수입징수관서에 EDI방식으로 통지될 수 있도록 하시기 바랍니다.

수입신고번호				수입징수관서		
납 부 자	(대표자)성명			상 호		
	주 소					
관 세	2,646,630	교통에너지환경세		개별소비세		
주 세		교 육 세		부가가치세	4,336,400
농어촌특별세		가 산 세 (보정이자)		가 산 금	0

납부시 아래 <안내말씀>을 참조하여 주시기 바랍니다.
년   월   일

위 금액을 정히 영수합니다.
영수일   년   월   일

영 수 인
P C 뱅 킹

수입징수관 부산본부세관

<안내말씀>
1. 위 금액을 납부기한까지 은행, 우체국에 납부하시기 바랍니다. (각 은행의 인터넷 뱅킹(세금/공과금)<관세> 또는 인터넷 세금카드납부
   서비스(www.cardrotax.or.kr 참조, 365일 가능. 납부대행수수료 1.2% 납세자 부담)를 이용하시면 편리하게 납부하실 수 있습니다.
2. 납부기한 경과시에는 납부할 세액에 체납가산금을 가산하여 납부하여야 합니다.
   (최초 납부기한 경과시 3%, 매 1개월 경과시 1.2% 추가가산, 추가가산은 고지금액이 100만원 이상인 경우에 한하여 60개월까지 가산)
3. 이 납부서는 년 월 일까지 이용이 가능하며 기간 경과되면 납세신고세관에서 재교부 받이 납부하여 주시기 바랍니다.
4. 분할납부승인을 받은 세액을 체납시(위 납부기한내에 미납한 경우)는 미납세액 전액을 즉시 일괄징수하게 됩니다.
5. 납부세액에 과부족이 있는 경우 납부한 날부터 6월 이내에 보정신청 또는 최초 납세신고한 날부터 2년 이내에 경정청구하실 수 있습니다.
6. 자세한 사항은 관세청 홈페이지(www.customs.go.kr) 관세청 업무안내 코너를 참조하시기 바랍니다.

연락처 :		**납부서[수납기관용]**		File No :	
납부자 사업번호 :		담당자 :		B/L No. :	
회계구분	관세청소관 일반회계	담당부서 :		납부기한	2015년07월13일
회계년도	2015			발행일자	2015년07월03일
수입징수관 계좌 번호		납부서 번 호		납기내 금 액	6,983,030
				납기후 금 액	

※수납기관에서는 위의 굵은 선 안의 내용을 즉시 전산입력하여
수입징수관서에 EDI방식으로 통지될 수 있도록 하시기 바랍니다.

수입신고번호				수입징수관서	부산본부세관
납 부 자	(대표자)성명			상 호	
	주 소				

한국은행 귀하

위 금액을 수납 납부합니다.
년   월   일

위 금액을 정히 영수합니다.
영수일   년   월   일

영 수 인
P C 뱅 킹

※이 납부서(수납기관용) 사본은 세관요구시 세관용 영수필통지서로 이용할 수 있습니다.

: 수입신고필증 :

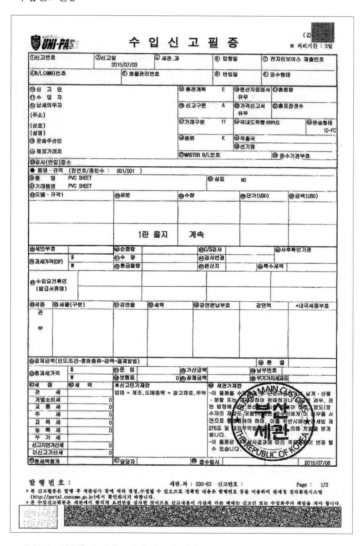

※ 수입신고필증은 유니패스에서 바로 출력할 수 있다.

: 영세율전자세금계산서 :

영세율 전자 세금계산서				승인번호		발급예정명세서	
				일련번호			

<table>
<tr><td rowspan="7">공
급
자</td><td>등록번호</td><td colspan="2"></td><td>성 명</td><td></td><td rowspan="7">공
급
받
는
자</td><td>등록번호</td><td colspan="2"></td><td>성 명</td><td></td></tr>
<tr><td>상 호
(법인명)</td><td colspan="4"></td><td>상 호
(법인명)</td><td colspan="2">(주)가아</td><td></td><td></td></tr>
<tr><td>사업장
주 소</td><td colspan="4"></td><td>사업장
주 소</td><td colspan="3"></td><td></td></tr>
<tr><td>업 태</td><td colspan="2"></td><td>종사업장</td><td></td><td>업 태</td><td colspan="2"></td><td>종사업장</td><td></td></tr>
<tr><td>종 목</td><td colspan="4"></td><td>종 목</td><td colspan="3"></td></tr>
<tr><td>이메일</td><td colspan="4"></td><td>이메일</td><td colspan="3"></td></tr>
</table>

작성일자	공 급 가 액	세 액	합 계 금 액	수 정 사 유
2015-07-08	510,897	0	510,897	

비 고

월	일	품목	규격	수량	단가	공급가액	세액	비고
07	08	OCEAN FREIGHT	USD	120	1,135.10	136,212	0	
07	08	T.H.C.				135,000	0	
07	08	DOCUMENT FEE				40,000	0	
07	08	E.B.S	USD	150	1,135.10	170,265	0	
07	08	WHARFAGE				4,420	0	
07	08	CONTAINER CLEAN FEE				25,000	0	

합계금액	현금	수표	어음	외상미수금	이 금액을 (영수) 함
510,897	510,897				

지금까지 수출입 과정에 대해 살펴보았다. 이제 공부는 다한 것이나 마찬가지다. 이 장에 나오는 결제 내용은 단지 숫자에만 집중하면 된다. 수입하기 위해 1만 달러를 송금하는데, 동그라미 하나 더 붙이는 일이 은근히 많다. 결제를 잘 보내고 잘 받는 방법을 확실히 익혀두도록 하자.

수출의 완성은
결제다

무역의 목적은
이익 창출이다

무역의 궁극적인 목적은 이익을 만들어내는 것이다. 이익을 만들어낸다는 것은 돈을 번다는 뜻이고, 돈을 번다는 것은 돈을 잘 받는다는 뜻이다. 돈을 잘 받기 위해서는 상대방과의 관계도 좋아야 하지만 돈 받는 방법을 제대로 아는 것도 중요하다. 이 장에서는 무역에서 대표적으로 이용되는 결제방법에 대해 알아보도록 하겠다. 결제방법은 크게 3가지로 나눌 수 있는데, 여기에는 T/T, L/C, 그리고 DP(혹은 DA)가 있다.

현금장사가 최고다,
송금 또는 T/T

T/T는 Telegraphic Transfer의 약자로 우리말로는 '전신이체'라고 한다. 전신은 전자 신호(온라인)를 의미하고, 이체는 바꾼다는 뜻이다. 즉 온라인으로 한쪽은 플러스, 한쪽은 마이너스로 바꾼다는 것이다.

예를 들어 서울에 있는 명수 씨가 은행을 통해서 지방의 판매상에게 물건값을 송금한다고 가정하자. 이때 은행은 돈을 보내기 위해 지방의 판매상을 직접 찾아가지 않는다. 단지 전산으로 서울에 있는 은행(보내는 쪽)은 송금하려고 했던 돈만큼 마이너스를 하고, 지방의 판매상의 거래은행(받는 쪽)은 받을 돈만큼 플러스를 하는 것이다.

우리나라의 모든 송금시스템은 이러한 전신시스템으로 운영되고, 나라 간의 송금도 이렇게 운영된다. 즉 T/T나 전신송금 또는 송금은 다 같은 말이지만 굳이 따지자면 송금은 우리말이고, T/T는 외국인들과 소통할 수 있는 영어라고 할 수 있다. 그러므로 해외로 돈을 보내고 받는 T/T나 우리나라에서 하는 송금이나 은행을 통해서 진행한다는 점은 거의 동일하다. 물론 송금이라는 말 대신 T/T라고 해야 외국사람과 소통이 되듯 T/T도 송금과 조금은 다른 방식으로 진행된다.

대부분의 돈은 은행을 통해서 들어오고 나간다

해외로 나가거나 본국으로 들어오는 모든 사람은 출입국 관리소를 거쳐서 심사를 받아야 출국 또는 입국이 가능하다. 마찬가지로 해외로 나가거나 들어오는 모든 물건은 세관을 통해 수출신고나 수입신고를 거친 후 들어오거나 나갈 수 있다. 해외로 나가거나 들어오는 모든 돈은 은행을 통해(경우에 따라서는 신고과정을 거친 후) 각자의 계좌로 입금되거나 해외로 송금된다.

신고 없이 개인이 송금할 수 있는 액수는 2천 달러 정도이며, 기업은 연간 50만 달러까지 사전신고 없이 투자할 수 있다. 하지만 경우에 따라서는 신고가 필요할 수도 있으니 거래은행에 문의해 송금 등을 하도록 한다.

은행을 통해서 돈을 이체하지 않는 것을 환치기라고 하는데, 이것은 불법이다. 예를 들어 A라는 사람이 해외에서 건설프로젝트를 완료한 후 공사대금을 받았다. 이 대금을 은행을 통해서 한국으로 보내지 않고 해외에 있는 환치기 업자에게 돈을 준다. 그리고 한국에 들어온 A는 해외의 환치기 업자의 한국 거주 관계인에게 돈을 받는다. 이렇게 되면 국가는 A의 소득을 알 수 없게 되고, 이로 인해 세금을 거둘 수 없게 된다.

송금이나 입금에 필요한 증빙

송금이나 입금과 관련해서 신고가 필요한 경우, 보통 은행에 적절한 서류를 제출하고 나중에 감사시 은행은 이러한 서류들을 한국은행 등에 제출한다. 범위를 무역으로 한정했을 때 송금이나 입금과 관련된 증빙, 즉 신고와 관련해 믿을 만한 적절한 서류에는 무엇이 있을까?

수입과 관련해서 물품대금 등을 송금할 때가 있다. 이때 이 돈이 물건 구매를 위한 것임을 증명하는 서류에는 우선 매매계약서CONTRACT가 있다. 혹은 수입신고필증, 인보이스, 프로포마 인보이스도 가능하다. 이와 같이 송금과 관련된 서류만 은행에 제출하면 된다. 그렇다면 수출과 관련해서 물품대금을 입금받을 때 신고를 위한 증빙서류에는 무엇이 있을까? 여기에는 수출신고필증, 계약서, 주문서ORDER SHEET, PI 등이 있다. 수입과 마찬가지로 수출과 관련된 서류만 은행에 제출하면 된다.

이와 같이 해외 송금과 입금에는 증빙과 신고가 필요한 경우가 있으며, 그것만 잘 지키면 크게 문제될 것은 없다. 그렇다면 때로는 신고도 필요한 송금은 과연 어떻게 하는 것일까?

스위프트 코드를 알아야 송금할 수 있다

우리나라에서 송금 또는 계좌이체를 하기 위해서는 은행명과 계좌번호가 필요하다. 하지만 해외로 송금할 때는 어느 나라로 보낼 것인지에 대한 정보도 필요하다. 송금신청서라는 것을 영어로 기재해야 하며, 그 외에도 나라와 나라 간에 송금을 위해서 맞춰야 할 것들이 많다. 그래서 전 세계의 은행들이 모여서 송금과 관련된 시스템을 만들었는데, 그 중 하나가 바로 스위프트 코드SWIFT CODE다.

여기서 SWIFT는 Society for Worldwide Interbank Financial Telecommunications의 약자로 '세계 은행 간 금융통신협회'를 뜻한다. 스위프트에서는 은행과 관련한 다양한 업무를 하는데 이 협회에서 만든 것이 BIC 코드다. BIC는 Bank Identification Code의 약자로 보통 '은행식별 코드'라고 한다. BIC는 은행이름과 주소를 하나의 코드로 정리한 것으로 BIC만 있으면 은행의 이름은 무엇인지, 어느 나라에 있는지 확인이 가능하다. 실무에서는 BIC를 스위프트에서 만들었다고 해서 스위프트 코드라고 한다.

스위프트 코드의 예

스위프트 코드는 총 11개의 영문으로 구성되는데, 처음 8개는 반드시 있어야 하고, 나머지 은행지점 코드 3개는 없어도 상관없다. 순서는 은행코드BANK CODE 4자리, 국가코드COUNTRY CODE 2자리, 지역코드LOCATION CODE 2자리, 은행지점코드BRANCH CODE 3자리다. 외환은행의 스위프트 코드를 예로 들어 보면 다음과 같다.

- 외환은행의 스위프트 코드: KOEXKRSE
- KOEX(4자리): 외환은행의 영문이름인 KOREA EXCHANGE

BANK의 은행코드

- KR(2자리): 국가코드, 즉 KOREA

- SE(2자리): 지역코드, 즉 SEOUL

- 은행지점코드(3자리): 없음

송금은 어떻게 하는가?

송금은 돈을 보내는 것이므로 당연히 받는 사람이 누구인지 기재되어 있어야 하고, 영어로도 알고 있어야 한다. 즉 송금을 할 때는 받는 사람의 이름, 계좌번호ACCOUNT NO., 거래은행명, 은행주소, 스위프트 코드와 신고가 필요한 경우 증명서 등이 필요하다. 이러한 정보를 가지고 은행을 방문해 송금신청서를 작성한 뒤 송금을 하거나 인터넷뱅킹을 하면 된다.

이제 실제로 송금을 어떻게 하는 것인지 샘플을 가지고 연습해보자. 기업은행 송금신청서로 작성방법에 대해 알아보도록 하겠다.

성우통상은 중국 딜러 MELON SMARTPHONE COMPNAY를 통해 스마트폰 100대를 1만 달러에 사기로 하고 PI를 받았다. PI에는 제품가격 외에 다음과 같이 물건값 송부를 위한 계좌번호 등의 입금은행 정보BANKING INFORMATION가 기재되어 있었다.

입금은행 정보

- BENEFICIARY: MELON SMARTPHONE COMPANY

- BENEFICIARY'S BANK: Citibank(China) Co., Ltd, Tianjin Branch, China

- ADDRESS: Dongyimin Industrial Zone, Qilihai Town, Ninghe County, Tianjin, China

- SWIFT CODE: CITICNSXTJN

- ACCOUNT NO.: 123456789

- TELEPHONE: +86-22-1111111

- BENEFICIARY: 송금을 받는 사람을 의미한다. 여기서는 MELON SMARTPHONE COMPANY가 돈을 받는 쪽이다.

- BENEFICIARY'S BANK: 수익자 은행, 즉 입금은행을 말한다. 여기서는 시티은행CITIBANK 중국 천진Tianjin 지점을 통해서 MELON SMARTPHONE COMPANY가 입금을 받는다.

- ADDRESS: 입금은행 주소를 말한다.

- SWIFT CODE: SWIFT CODE는 은행을 확인하는 번호다. 여기서는 CITICNSXTJN이다.

- ACCOUNT NO.: 계좌번호를 의미한다.

- TELEPHONE: 입금은행 연락처다.

입금은행 정보를 확인한 성우통상은 거래은행 홈페이지에 있는 송금신청서에 관련 내용을 기재했고, 은행원에게 송금신청서와 함께 스마트폰 수입에 대한 증빙으로 PI를 제출했다. 다음(247쪽)은 기업은행의 송금신청서 양식으로, 가상으로 송금내용을 작성해보았다.

① 송금액: 송금액을 기재한다.

② 송금방법: 어떻게 송금할 것인지 체크한다.

③ 해외은행수수료 부담: 은행이 송금을 해줄 때 여러 가지 수수료를 부과하는데, 이러한 수수료를 누가 부담할지 표기한다.

④ 보내는 분 성명 또는 상호: 보내는 쪽의 성명 또는 상호를 한글과 영문으로 기재한다.

⑤ 받으시는 분 계좌번호·성명·국적·주소: 받는 쪽의 계좌번호·성명·국적·주소를 기재한다.

⑥ 스위프트 코드, 은행주소: 입금은행의 스위프트 코드 및 은행 주소 등을 기재한다.

송금신청서를 작성해 은행에 제출하면 송금이 완료된 후 REMITTANCE DETAILS송금상세내역라는 것을 받는다. REMITTANCE DETAILS는 송금을 누가 누구에게 했고 얼마를 했는지에 대해 간략히 적은 것으로, 은행으로부터 이것을 받아

: 외환송금신청서 작성 예시 :

서 송금을 했다는 뜻으로 송금을 받는 쪽(혹은 수출자)에게 팩스나 이메일로 발송한다. 송금 과정을 정리하면 다음과 같다.

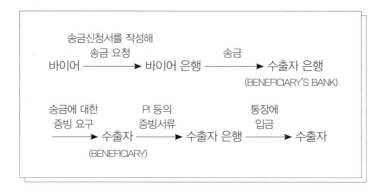

알아두면 도움되는 CREDIT NOTE와 DEBIT NOTE

사람이 일을 하다 보면 때로는 정상적이지 못한 상황을 맞닥뜨릴 때가 있다. 예를 들어 불량품이 생겼다든지, 수량을 정해진 개수보다 많거나 적게 보냈다든지 등이 그렇다. 불량품을 보낸 상황이라면 그 금액만큼 수입자에게 보상을 해주어야 한다. 즉 불량품의 금액만큼 송금을 해준다거나, 다음번 수출할 때 불량품의 수량만큼 더 보내거나 수출금액을 깎아주어야 한다. 개수를 많이 보냈을 때는 다음번 수출분 때 그 수량만큼 덜 보내면 된다. 물론 이러한 사항들은 수출자와 수입자 간에 협의를 해야 하며, 협의가 끝나면 그러한 내용을 반드시 문서로 작성하도록 한다. 작성된 문서는 내부보관용으로 가지고 있으면 된다. 만약 보상을 돈으로 해준다고 하면 은행을 통해 송금을 해야 하는데, 이때 왜 이 돈을 보내는지에 대한 증빙서류가 필요하다. 이때 앞서 협의하에 작성해둔 문서를 은행에 제출하면 된다.

보통 위와 같은 상황일 때 만들어두는 서류에는 CREDIT NOTE와 DEBIT NOTE가 있다. CREDIT NOTE는 크레디트CREDIT카드, 즉 신용카드를 생각하면 되는데 신용카드 소지자는 카드로 물건을 산 후 결제일에 결제를 해야 한다. 마찬가지로 CREDIT NOTE는 이를 작성한 사람이 상대방에게 보상을 해준다는 의미다. 이와 반대로 보상해달라고 보내는 서류는 DEBIT NOTE다. 즉 보상을 받을 사람이 상대방에게 보상해달라고 DEBIT NOTE를 보내면 된다. CREDIT NOTE와 DEBIT NOTE는 특별한 양식이 있는 것은 아니고 보내는 사람, 받는 사람, 날짜, 사유, 보상 내역 등이 기재되어 있으면 된다.

앞서 CREDIT NOTE를 설명하면서 신용카드를 예로 들었는데, 신용카드는 은행이 발행하는 것으로 물건을 살 때 신용카드를 내미는 것은 "카드를 발급해준 은행이 보증할 테니 물건을 주십시오."라고 하는 것과 같다. 물건을 파는 쪽에서도 처음 보는 사람에게 물건을 주는 것이 은행이 보증하는 신용카드로 결제가 되기 때문에 믿고 물건을 줄 수 있는 것이다. 무역에도 신용카드와 유사한 역할을 하는 것이 있는데, 그것을 보통 L/C 또는 신용장이라고 한다.

무역업계의 신용카드,
신용장 또는 L/C

신용장은 L/C라고도 불리는데, Letter of Credit의 약자다. '은행의 신용Credit으로 보증하겠습니다.'라는 의미를 담은 문서Letter라는 뜻에서 'Letter of Credit'라고 하며, 이것을 옮긴 것이 신용장이다. 신용장 전달 과정은 다음과 같다.

수입자 ⋯➤ 수입자 거래은행 ⋯➤ 수출자 거래은행 ⋯➤ 수출자

은행에서 발급된 신용장은 수출자의 거래은행으로 전산으로 보내지고 종이로 출력되어서 수출자에게 전달된다. 아직 결제된 것은 아니지만 은행에서 결제를 보증하는 것이므로 수출자는 믿고 물건을 생산할 수 있다.

신용장의 발행

다시 말해 신용장은 은행이 수입자의 결제를 보증한다는 뜻이다. 즉 수입자가 결제를 못하면 은행이 하겠다는 것이므로 은행은 신용장 발행을 아무에게나 해주지 않는다. 우리가 은행에서 대출을 받는 것처럼 신용장을 발급할 때도 회사의 재산이나 재

무상태를 꼼꼼히 확인한 후 얼마까지 보증을 해주겠다는 한도를 만든다. 한도가 정해지면 그 한도 내에서 수입자는 신용장을 발행할 수 있다.

그렇다면 신용장에는 어떤 내용들이 기재될까? 신용장에 기재되는 주요 사항들은 T/T를 설명할 때 접했던 스위프트협회에서 만든다. 각 항목마다 숫자 등이 기재되어 있어 문의사항이 있을 때 항목과 숫자를 가지고 은행에 문의하면 된다. 주요 내용을 살펴보자.

- 40A FORM OF DOCUMENTARY CREDIT IRREVOCABLE: 신용장의 종류를 말하는 것으로 여기에는 취소가능REVOCABLE 신용장과 취소불능IRREVOCABLE 신용장이 있다. 만약 신용장 취소가 가능하다면 수출자는 자신이 받은 신용장이 언제 취소될지 몰라 불안할 수 있으므로 신용장은 주로 취소불능이 많다. 여기서 신용장 종류는 취소불능이다.

- 20 DOCUMENTARY CREDIT NUMBER 123456132AB: 신용장 번호를 의미한다. 신용장에 대한 문의사항이 있을 때 이 신용장 번호를 말하고 문의하면 답을 빨리 얻을 수 있다. 여기서 신용장 번호는 123456132AB다.

- 31C DATE OF ISSUE 20 OCT 15: 신용장 발행일자 또는 개설일자를 말한다. 여기서는 2015년 10월 20일에 신용장이 발행되

었음을 알 수 있다. 날짜 표시방법은 151020로 기재하기도 하며 은행마다 작성방법이 조금씩 다르다.

- 31D EXPIRY OF DATE AND PLACES 31 OCT 15 SOUTH KOREA : 신용장 만기일과 장소를 말한다. 은행이 무한정 보증할 수는 없기에 신용장 만기일자가 있다. 주의해야 할 점은 나라마다 시차가 있어 만기일을 제각기 해석하면 안 되므로 어떤 나라를 기준으로 하는지 반드시 명시되어 있어야 한다는 것이다. 여기서는 한국시간으로 2015년 10월 31일에 신용장이 만료됨을 알 수 있다.

- 50 APPLICANT SUNGWOO TRADING : 신용장은 기업 등의 요청에 의해 은행이 발행하는 것이다. 여기서는 신용장이 SUNGWOO TRADING의 요청으로 발급된 것임을 알 수 있다.

- 59 BENEFICIARY GU ENG : 수익자, 즉 수출자를 말한다.

- 32B AMOUNT USD50,000.00 : 신용장 금액을 말하는 것으로, 여기서는 5만 달러다.

- 41D AVAILABLE WITH...BY ANYBANK BY NEGOTIATION : 수출자가 서류를 은행에 제출하는 것을 네고라고 하는데, 네고하는 은행을 지정하거나 아무 은행에서 할 수 있다. 여기서는 어떤 은행ANYBANK에서 네고를 해도 좋다고 되어 있다.

- 44E PORT OF LOADING SANFRANCISCO PORT, USA : 선적항을 말한다. 여기서는 SANFRANCISCO PORT가 선적항이다.

- 44F PORT OF DISCHARGE BUSAN PORT, KOREA: 도착항을 말하며, 여기서는 부산항이다.

- 44C LASTEST DATE OF SHIPMENT 31 DEC 15: 최종 선적일자를 의미하며 이 기간을 넘기게 되면 결제를 받지 못할 수도 있다. 여기서는 2015년 12월 31일까지 선적을 완료해야 함을 알 수 있다.

- 45A GOODS: FOB 10,000PCS OF PENCIL DETAILS ARE AS PER THE PROFORMA INVOICE NO.125AB DATED ON 10 OCT 15: 수출자가 수출예정인 제품에 대한 것이다. 가격조건은 FOB이며 상세한 내역은 2015년 10월 10일의 프로포마 인보이스를 참조하라고 되어 있다.

- 46A DOCUMENTS REQUIRED: +SIGNED COMMERCIAL INVOICE IN TRIPLCATE +FULL SET OF CLEAN BOARD OCEAN BILLS OF LADING MADE OUT TO ORDER "FREIGHT COLLECT" +PACKING LIST IN TRIPLICATE: 수입자가 수출자에게 요구하는 통관 서류 내역이다. 여기서는 인보이스와 패킹리스트를 각각 3장씩 요구하고 있으며 BILL OF LADING, 즉 비엘 전 세트FULL SET로 요구하고 있다. 원본 B/L은 ORIGINAL 3장으로 되어 있는데, 이것이 전 세트다. CLEAN이라는 것은 화물이 선적중에 파손되거나 하지 않은 경우를 말하며, 이때 발행되는 B/L을 CLEAN B/L이라고 한다. 참고로 선적중에 파손

되는 경우에는 FOUL B/L 등이 발행된다. 그리고 MADE OUT 다음에 나오는 TO ORDER는 B/L을 TO ORDER로 하라는 문구다. 이것은 운송회사에 요청하면 된다.

지금까지 신용장이 발급되는 상황에 대해서 배웠다. 그러면 수출자는 신용장이 발행된 상황에서 어떻게 결제를 받아야 할까?

신용장 결제

신용카드로 제품을 구매하게 되면 제품을 판매한 가게는 은행에서 판매대금을 받게 된다. 은행은 신용카드 결제일에 카드 사용자에게 돈을 받는다. 그렇다면 신용카드와 비슷한 신용장은 어떻게 결제될까?

여기에는 B/L이라는 운송장이 절대적이다. 앞서 B/L은 사고팔 수 있으며 이와 관련해서 ORDER B/L을 언급한 바 있다(ORDER B/L은 5일차에서 다룬 'ORDER B/L'을 참조하기 바란다). B/L이 없으면 수입자는 물건을 찾을 수 없으므로 수입자가 결제를 안 해줄 것 같으면 B/L을 보내주지 않으면 된다. 수입자는 B/L 외에 인보이스, 패킹리스트 등의 통관서류가 없으면 수입통관을 할 수 없어 물건을 찾을 수 없다. 따라서 수출자는 돈을 먼저 받고 통관서류를 주고 싶고, 수입자는 통관서류를 먼저 받고 돈을 주고 싶다. 이를 해결하기 위해서는 서류를 주고 바로 돈을 받으면 된다.

돈과 서류를 맞바꿔주는 역할을 하는 것이 신용장인데, 은행이 수입자의 결제를 보증하는 신용장에는 '은행에서 수입자를 보증하겠다.'라는 의미 외에 수입자가 수출자에게 요구하는 각종 통관서류의 내역도 기재되어 있다. 즉 인보이스, 패킹리스트, B/L 외에 방역에 대한 증명서가 필요하면 방역증명서를 요청하고, 원산지증명서가 필요하면 원산지증명서도 요청해 신용장에 기재된다.

제품이 선적되고 신용장에 기재된 각종 서류가 다 준비되면 수출자는 자신의 거래은행에 제출해서 수입자에게 돈을 보내달라고 한다. 수출자의 거래은행은 그 서류를 수입자의 거래은행에게 보내주고, 수입자의 거래은행은 수입자에게 돈을 받고 서류를 전달한다. 그리고 전달받은 서류를 가지고 통관해서 물건을 찾는 것이 신용장 결제방법이다. 신용장 결제 과정을 정리하면 다음과 같다.

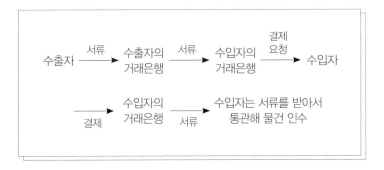

어음할인과 네고, 그리고 환가료

- **어음할인**: 어음은 자금이 부족한 경우 언제까지 돈을 갚겠다
  는 증서다. 즉 어음에 10월 31일까지 결제해주겠다고 쓰여져
  있으면 10월 31일에 어음을 주고 돈을 받으면 된다. 그러나
  10월 31일 전에 돈이 필요할 경우, 이때는 은행에 어음을 주고
  미리 돈을 받을 수도 있다. 예를 들어 10월 10일에 돈이 필요
  해서 어음을 은행에 주고, 은행은 10월 10일에서 10월 31일까
  지를 이자로 환산해서 이 이자를 뺀 나머지 금액을 주는 것, 이
  것을 어음할인이라고 한다.

- **네고**: 신용장 결제도 어음할인과 비슷하게 진행된다. 수출자가
  은행에 서류를 제출하는 것을 '네고'라고 한다. 네고를 해 수입
  자가 결제한 돈을 받기까지는 시간이 걸리며 여러 과정을 거친
  다. 이때 수출자는 수입자가 결제할 때까지 기다리지 않고 직
  접 은행에 서류를 제출하고 바로 돈을 받을 수도 있다. 이 경우
  은행은 네고를 한 후 수입자가 결제를 해 은행이 그 돈을 받을
  때까지의 기간을 이자로 환산하고 그 금액을 뺀 나머지를 수출
  자에게 결제해주는데, 이때 결제금액에서 제외된 이자를 '환가
  료EXCHANGE COMMISSION'라고 한다. 참고로 은행이 수출자에게
  서류를 받는 것을 무역에서는 '매입'이라고 한다.

  사실 네고 때 미리 돈을 주는 것은 은행 쪽에서도 위험을 안고

가는 일이다. 어음이 부도가 나는 것처럼 수입자가 결제를 하지 않는 경우가 발생할 수 있기 때문이다. 그래서 네고는 보통 주거래 은행이 업무를 대행해준다.

환가료 계산방법을 알아보자

환가료에서 환가換價는 돈으로 바꿔준 값, 즉 요금을 의미한다. 원래는 수출자가 네고해 수입자가 결제한 돈을 받기까지 약 8일에서 그 이상이 걸리는데, 네고할 때 은행이 서류를 받고 수출자에게 바로 돈을 주기도 한다. 이 경우 은행은 약 8일에 대한 것을 이자로 환산한 환가료를 금액에서 제외한다. 만약 수출자의 은행에 돈이 들어오는 데 8일 이상이 걸리면 은행은 수출자에게 추가 결제를 요청한다. 참고로 환가료 계산은 '수출금액×은행매매기준율×환가료율×일자/360'다.

- **수출금액**: 신용장에서 은행이 보장하는 금액이 기재되어 있는데, 이 금액을 말한다.
- **은행매매기준율**: 환가료는 원화로 계산되는데 수출금액은 달러로 기재되므로 이를 원화로 계산하기 위한 환율을 은행매매기준율이라고 한다.
- **환가료율**: 환가료율이란 환가료 이자율을 의미하며 은행에 문의하면 알 수 있다.

- 일자: 네고한 날부터 수입자가 결제해 은행이 받기까지의 기간
  이다.

기타 신용장 관련 용어들을 알아보자

- 어멘드: 신용장을 받은 수출자가 필요에 따라서는 신용장 수
  정을 요구하기도 하는데, 이것을 '어멘드AMENDMENT'라고 한다.
  예를 들어 신용장에 기재된 최종 선적일자를 생산 스케줄상 도
  저히 맞추기 어려울 때 최종 선적일자를 더 늦춰달라고 수출자
  에게 요청하면 은행에서 수정된 신용장을 다시 보내온다.
- 개설은행, 통지은행, 네고은행: 개설은행은 신용장을 발행하는
  은행이고, 통지은행은 개설된 은행을 수출자에게 전달하는 은행
  이다. 신용장은 은행 간에 전산으로 보내지는데, 개설은행에게
  신용장을 받은 통지은행이 출력해서 수출자에게 전달한다. 네고
  은행은 수출자가 네고하는 은행이다.
- 하자: 신용장에는 대개 어떠한 서류가 필요하고 선적은 언제까
  지 해달라는 내용이 적혀 있다. 만약 신용장에서 선적을 12월
  31일까지 해달라고 했는데, 이 날짜를 못 맞춘 경우 이를 하자
  DISCREPANCY라고 한다. 이 경우에는 수출자가 네고한 뒤 바로
  돈을 받을 수 없고, 나중에 수입자가 결제하면 그때 돈을 받을
  수 있다.

- **언페이드**: 수출자가 신용장의 내용을 지키지 못한 경우 수입자가 결제를 하지 않는 경우가 있는데, 이것을 '언페이드UNPAID'라고 한다. 언페이드를 악용하는 업체도 종종 있으니 주의해야 한다. 하자를 이유로 서류 인수를 거부하면 이미 수입지에 도착한 화물 처리가 곤란해지는데, 이때 화물을 인수하는 조건으로 단가를 후려치기도 한다.

- **하자와 언페이드 발생의 대처**: 기본적으로 하자를 통해 언페이드가 발생하는 것은 그렇게 흔한 일은 아니다. 전 세계에 사기꾼은 그리 많지 않고, 빨리 물건을 받아서 팔고 싶은 사람들이 더 많기 때문에 하자가 발생했을 때를 대비해 평소 거래처와 돈독한 관계를 유지하도록 한다.

- **소구**: 수출자의 거래은행이 서류 인수와 함께 수출자에게 결제를 해준 상황에서 수입자가 사소한 하자를 이유로 서류 인수를 거부해 언페이드가 되면, 수출자의 거래은행은 수입자에게 돈을 받지 못하고 수출자에게 지불했던 돈을 다시 돌려달라고 요청하게 된다. 이것을 거꾸로 다시 요청한다는 의미로 '소구RECOURSE'라고 한다.

- **추심**: 돈을 받아달라고 요청하는 것이다. 수출자가 자기 거래은행에 서류를 제출해 수입자에게 돈을 받아달라고 요청하는 것이다. 하자가 발생하면 은행은 수출자에게 결제를 하지 않고 추심을 돌린다.

- **환어음**: 일반적으로 어음은 돈을 줄 사람이 언제까지 결제하겠다고 하는 문서다. 하지만 무역에서 쓰이는 환어음은 수출자가 수입자에게 결제를 해달라고 발행하는 어음이다. 이것은 네고할 때 제출하는 통관서류와 함께 제출한다. 환어음 양식은 은행 홈페이지에서 다운받을 수 있다. 신용장과 관련된 많은 서류들 또한 은행 홈페이지에서 다운받을 수 있다.

- **환어음매입(추심)신청서**: 환어음을 매입하거나 추심해달라고 은행에 요청하는 신청서다. 매입의 경우에는 수출자가 수출서류를 제출하면 바로 돈을 받게 되고, 추심의 경우에는 수입자가 결제를 했을 때 받을 수 있다.

- **UCP**: Uniform and Customs and Practice for Documentary Credits의 약자로 일반적으로 '신용장통일규칙'이라고 부른다. 신용장 내용을 어떻게 해석할 것인지에 대한 내용과 관련 서류의 준비와 작성방법에 대해 정해놓은 것이다. UCP는 상공회의소에서 번역본을 판매하고 있다.

- **신용장의 다양한 용어 확인**: 신용장에는 다양한 용어들이 나온다. 이러한 용어들과 해설은 스위프트협회에서 발행한 〈STANDARD MT MESSAGE IMPLEMENTATION GUIDELINES〉를 찾아서 참조하도록 한다. 구글에서 검색이 가능하다.

- **L/G**: 수입자는 은행에 도착한 서류를 받아서 B/L을 운송회사

에 제출해 D/O를 받고 통관을 해야 화물을 인수할 수 있다. 하지만 수출자가 네고해 수입자의 은행에 서류가 도착하기까지 여러 날이 걸리는데, 중국이나 일본처럼 가까운 나라의 경우 서류보다 화물이 먼저 도착하기도 한다. 운송회사에서는 B/L이 없으면 화물을 주지 않는데, 이때 은행이 보증한다는 보증서를 받아서 운송회사에 제출하면 운송회사는 보증서를 믿고 화물을 넘겨준다. 이 보증서가 L/G다. 나중에 은행으로부터 받은 서류 중 B/L을 운송회사에 넘겨주면 된다.

신용장의 종류

은행에서 다양한 대출상품을 개발하듯 다양한 신용장 상품도 개발되어 있다. 신용장의 종류에 대해 알아보자.

- **수출신용장과 수입신용장**: 신용장은 하나가 발행되지만 보는 각도에 따라 말이 달라진다. 즉 수입자가 물품대금 구입을 위해 발행한 신용장은 수입신용장이다. 하지만 은행에서 수출자가 받는 신용장은 수출자 입장에서는 수출과 관련해 받는 것이므로 수출신용장이다.
- **화환신용장과 클린신용장**: 보통 무역에서 신용장이라고 하면 통관서류와 같은 서류를 요청한다. 서류를 요청하는 신용장을 '화환신용장' 또는 'DOCUMENTARY CREDIT'라고 한다. 하

지만 서류 요구가 없는 신용장도 있는데, 이를 '클린신용장'이라고 한다. 클린신용장에는 보증신용장이 있는데, 이는 해외공사 입찰에 보증금 용도로 제출하는 신용장이다.

- **양도가능신용장**TRANSFERABLE CREDIT : 수출을 위해 받은 신용장으로, 다시 신용장을 발행할 수 있는 신용장을 말한다.

- **취소가능신용장**REVOCABLE CREDIT**과 취소불능신용장**IRREVOCABLE CREDIT : 발행한 신용장의 취소 여부에 따라 취소가능신용장과 취소불능신용장이 있다.

- **OPEN CREDIT와 RESTRICTED CREDIT**: 네고은행이 지정된 신용장이 RESTRICTED CREDIT고, 네고은행이 지정되지 않은 신용장이 OPEN CREDIT다. 신용장 41D에 ANYBANK라고 되어 있는 것이 OPEN CREDIT다.

- **소구가능신용장**WITH RECOURSE CREDIT**과 소구불능신용장**WITHOUT RECOURSE CREDIT : 수입자가 결제하지 않았을 때 수출자에게 지불한 대금을 다시 돌려달라고 요청하는 것을 소구라 하는데, 소구 여부에 따라 소구가능신용장과 소구불능신용장이 있다.

- **일람출급신용장**SIGHT CREDIT**와 기한부신용장**USANCE CREDIT : 일반적으로 통관서류가 은행에 도착하면 수입자는 결제를 해야 서류를 인수할 수 있다. 이것을 'SIGHT CREDIT'라고 하고 우리말로는 '일람출급신용장'이라고 한다. 이와 달리 서류를 먼저 인수하고 정해진 날짜에 결제하는 신용장을 '기한부신용장'이

라고 하며 영어로는 'USANCE CREDIT'라고 한다. 기한부신용장의 종류에 따라 서류 인수 후 30일, 60일, 90일째에 수입자는 은행에 결제하면 된다.

- BANKER'S USANCE와 SHIPPER'S USANCE: 기한부신용장일 때도 수출자는 네고를 하고 바로 결제를 받을 수 있다. 이때 환가료가 발생하는데 보통 8일치다. 하지만 기한부신용장일 경우 수입자의 결제는 30일 이후에나 이루어진다. 이때 30일 이상의 기간을 유산스USANCE라고 하며, 이 기간에 대한 이자를 누가 부담하느냐에 따라 BANKER'S USANCE와 SHIPPERS'S USANCE로 나뉜다. 즉 BANKER'S USANCE는 은행이 유산스 기간 동안 이자를 부담한다는 것이고, SHIPPER'S USANCE는 SHIPPER인 수출자가 유산스 이자를 부담한다는 것이다. 여기서 BANKER'S USANCE인 경우 은행이 유산스 기간 동안 이자를 부담한다고 했는데, 결국에는 은행이 수입자에게 청구하는 것이므로 수입자가 부담한다고 이해하면 된다. 네고할 때 SHIPPER'S USANCE인 경우 수출자는 유산스 기간 동안 이자를 제외한 금액을 받게 된다.

신용장에서 ORDER B/L의 종류

선박운송에서 B/L에 대해 언급했었는데, B/L에는 STRAIGHT B/L과 ORDER B/L이 있다. STRAIGHT B/L은 기명식 비엘로 받는 사람 이름이 기재된 것이다. 이에 반해 ORDER B/L은 받는 사람을 쓰는 공간에 ORDER가 기재되는 것이다. 신용장은 필요에 따라 46A DOCUMENTS REQUIRED에서 다양한 B/L을 요구한다. 기타 신용장에 대한 자세한 사항은 은행에 문의하도록 한다.

- TO ORDER, TO ORDER OF SHIPPER: 신용장에서 B/L MADE OUT TO ORDER AND BLANK ENDORSED나 TO ORDER OF SHIPPER AND BLANK ENDORSED를 요구할 때가 있다. 이것은 B/L의 CONSIGNEE란에 'TO ORDER'나 'TO ORDER OF SHIPPER(수출자)'를 기재하라는 것이다. 참고로 네고 때 수출자의 이름과 사인을 배서하는 것을 BLANK ENDORSED라고 한다.
- TO ORDER OF SHIPPER AND ENDOSED TO ORDER OF: B/L의 CONSIGNEE란에 'TO ORDER OF SHIPPER'를 기재하고 SHIPPER가 배서를 한 뒤 배서한 곳에 'TO ORDER OF 특정인'을 기재하라는 뜻이다.
- TO ORDER OF ISSUING BANK: B/L CONSIGNEE란에 'TO ORDER OF 개설은행 이름'을 기재한다.

서로의 믿음이 최고다, D/P와 D/A

　신용장은 은행의 보증서인 만큼 은행에서도 웬만한 기업에게는 발행해주지 않고 여러 심사를 거쳐서 발행한다.

　D/P는 Document against Payment의 약자로 결제와 서류를 교환하는 것이다. 보통 수출자는 수입자가 제품을 구매할 것이라 믿고 생산을 한다. 하지만 경우에 따라서는 B/L을 결제와 함께 맞바꾸었으면 할 때도 있다. 이때 이용하는 것이 신용장의 네고와 같은 것이다. 즉 신용장이 발행되지 않더라도 수출자는 은행에 서류를 제출해 매입이나 추심을 하며, 수입자는 결제와 함께 against Payment 수입자 은행에 도착한 서류Document를 넘겨받는다. 이것을 무역에서는 D/P라고 한다. D/P는 신용장이 없는 SIGHT CREDIT라고 할 수 있다.

　D/A는 Document against Acceptance의 수입자가 은행에 서류를 인수하겠다against Acceptance고 하면 은행이 서류Document를 넘겨주는 방식이다. 수입자가 은행에 신용장 발행을 요청하면 수수료가 발생한다. 발행된 신용장은 은행 전산망을 통해 수출자가 지정한 은행으로 전송된다. 수출자의 은행은 이 서류를 발행해 수출자에게 전달하는데 이때도 수수료가 발생한다. 그러므로 상호 믿음이 돈독한 수출자와 수입자는 은행 수수료가 생기지 않도록

신용장의 발행 없이 계약서를 체결한다. 물론 이 계약서에는 신용장에 기재되는 내용인 선적 기한과 인보이스, B/L 등 수입자가 필요한 서류 목록이 기재된다.

수출자는 약속된 날에 선적을 하고, 계약서에 기재된 서류를 준비해 은행에 제출(네고)한다(참고로 은행은 신용장이 아니더라도 네고를 진행한다). 네고된 서류는 수입자의 거래은행에 도착하고, 도착한 서류는 D/A의 경우 수입자의 결제 없이 인수해 통관을 진행한다. 물론 수입자는 언젠가는 결제를 해야 하므로, 결제 일자에 대해서도 계약서에 명시한다. 계약서에 기재되는 수입자의 대금 결제일은 보통 수입자의 서류 인수일 또는 선적일자를 기준으로 선적일 이후 30일30days after B/L date, 60일 등과 같이 계약서에 기재된다.

무역보험공사 상품, 자세히 뜯어보기

D/P나 D/A는 위험이 크기 때문에 일반적인 보험회사에서는 관련 상품 만들기를 꺼려한다. 그렇다고 수출업체 혼자 온전히 위험이나 손해를 떠안는 것도 문제가 될 수 있다. 수출업체의 이러한 애로사항을 해소하기 위해 무역보험공사에서는 다양한 보험상품을 개발하고 있으니 참조하도록 한다. 무역보험공사가 개발한 다양한 보험상품 중 D/P 등에 대한 것은 단기수출보험 등을 참조하면 된다(한국무역보험공사 홈페이지: www.ksure.or.kr).

마켓은 시장을 의미하며, 마케팅은 시장처럼 왁자지껄하게
제품을 알리고 홍보해 남들이 알게 하는 것이다. 이 장에서는
수입자에게 제품을 알리는 방법을 배워보도록 하겠다.

: **9일차** :

수출마케팅의
비밀 노하우를 익히자

좋은 바이어를 찾기 위한
핵심전략

　드디어 9일차. 지금까지 무역의 수많은 용어들과 다양한 사례들을 접하며 익히기 위해 노력했던 이유 중 하나는 제대로 된 수출을 해보고 싶어서였을 것이다. 모든 것을 다 알 수는 없지만 많이 알면 알수록 업무 효율이나 비용 면에서 도움이 된다는 걸 이해하며, 이번 장에서는 수출마케팅에 대해 공부해보겠다. 대부분의 수출마케팅은 이번 장에서 소개된 여러 기법들을 하나만 쓰거나 섞어서 쓰므로 잘 이해해 업무에 활용하도록 하자.

수출마케팅의 노하우, 노출이 관건이다

어느 광고에 회사의 CEO가 직접 나와 자사의 제품에 대해 "참 좋은데 설명할 방법이 없네."라고 말했던 것이 생각난다. 즉 제품은 정말 좋은데 소비자들이 잘 몰라서 안 팔리는 경우다. 이같은 상황은 수출을 진행하는 담당자라면 누구나 공감할 만하다. 제품을 알릴 방법에 대해 늘 고민하기 때문이다.

무역에는 다양한 마케팅 방법이 있는데, 대표적으로 해외전시회 출품, 인터넷 홍보, 무역사절단 사업, 해외조달시장 접촉 및 해외 에이전트 활용 등이 있다. 이에 대해 자세히 알아보도록 하자.

1. 해외전시회 출품

수출마케팅 방법 중 가장 대중적이고 많이 알려진 방법은 아마도 해외전시회 출품일 것이다. 전시회는 비슷한 제품류를 한 장소에 한꺼번에 많은 업체에서 출품하기 때문에 업계의 기술 수준을 파악할 수 있고, 내방객도 많아서 제품에 대한 홍보 효과도 크다. 하지만 전시회를 통해 제대로 된 홍보 효과를 누리기 위해서는 무턱대고 전시회에 참가하기보다는 장기간의 계획을 가지고 준비하는 것이 좋다. 전시회 출품과 관련한 준비사항은 다음과 같다.

해외전시회 검색하는 법

① 해외전시회를 검색하기 위해서는 코트라 홈페이지 오른쪽 상단에 있는 'Kotra 패밀리'를 클릭한다.

② '글로벌전시전시 정보'를 클릭한다.

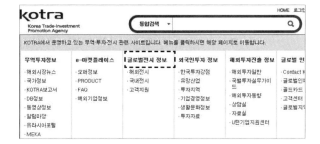

③ '해외전시'를 클릭해 관련 전시회를 검색한다.

① 수출지원사업 검색: 해외전시회 출품 관련 지원사업이 있는지 확인한다. 중소기업청이나 각종 지방자치단체에서는 관내 업체들을 위해 다양한 지원사업을 발굴하거나 개발하고 있으니 문의하도록 한다.

② 산업경제 자료수집: 전시회 출품 국가의 산업·경제 등의 자료를 수집한다. 예를 들면 코트라 홈페이지(www.kotra.or.kr)에 있는 해외시장 정보를 활용한다.

③ 전시회 실적: 제품을 출품하려는 전시회의 실적(내방객 방문 수나 출품업체 수 등)이 어떻게 되는지 확인해 전시회 출품이 마케팅에 도움이 되는지 여부를 판단한다. 전시회 실적 등은 해당 전시회의 홈페이지에서 확인할 수 있다.

④ 해외시장조사: 제품을 살 가능성이 높은 전시회 출품 국가의 업체를 발굴하거나 해외시장을 조사한다. 해외시장조사는 코트라를 통해서 진행한다.

코트라 홈페이지에서 해외시장조사 하는 법

① 코트라 홈페이지에서 '지원사업안내'를 클릭한다.

② 왼쪽에 있는 메뉴 중 '해외시장조사사업'을 클릭한다.

③ 오른쪽에 있는 메뉴 중 조사가 필요한 사업을 클릭해 진행하면 된다.

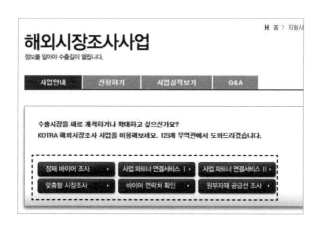

⑤ 자료 준비: 제품을 알린다는 것은 상대를 이해시키고 설득한 다는 의미이므로 프레젠테이션 자료, 샘플, 책자, 카탈로그 등 을 준비한다.

⑥ 이메일 홍보: 해외시장조사사업을 통해 입수된 유망 바이어의 정보를 활용해 전시회 전에 충분히 접촉하고, 전시회 당일에는 실제 샘플을 보여주며 계약을 하겠다는 생각으로 임한다.

⑦ 전시회 출품: 전시회 출품 기간 동안 제일 중요한 것은 컨디션 유지다. 비행기를 타고 가서 다른 나라에서 하루 종일 서서 내 방객을 맞이한다는 것은 그리 쉬운 일이 아니므로 짬짬이 휴식 시간을 가지면서 체력 안배를 잘 하도록 한다.

⑧ 전시회 출품 후: 전시회 출품 준비만큼 중요한 것이 전시회 출 품 후다. 전시회가 끝나고 귀국한 후에는 부스를 방문했던 잠재 적 바이어들과 다시 접촉해 그 관계의 끈을 지속하는 것이 무엇 보다 중요하다.

2. 인터넷 홍보(외국어 홈페이지)

과거에는 무역인에게 팩스만 있으면 된다는 우스갯소리가 있 었다. 국제전화비가 비싼 상황에서 팩스는 굉장히 유용한 통신 수단이었기 때문이다. 과거에는 팩스가 무역 업무에 중요한 역 할을 했다면, 지금은 인터넷이 그 자리를 당당히 차지하고 있다.

그 중에서도 24시간 정보가 노출되는 홈페이지만큼 효과적인 수단도 그리 많지 않다. 외국에는 다양한 언어권의 사람들이 있으므로 영어 외에 다양한 언어로 된 홈페이지를 만드는 것도 효과적이다. 또한 B2B 사이트를 활용하는 것도 좋은 방법이다. B2C_{Business to Customer; 기업과 일반 소비자의 거래}와 구별되는 개념인 B2B는 Business to Business의 약자로 기업 간의 거래를 말한다.

B2C 사이트는 일반적인 인터넷 쇼핑몰로 일반인을 대상으로 옷이나 신발, 잡화를 판매하며 11번가, 옥션 등이 대표적이다. 이와 달리 일반인이 아닌 기업이 필요로 하는 각종 원자재, 기계 부품 등을 거래하는 것이 B2B 사이트다. 대표적인 B2B 사이트로는 알리바바(www.alibaba.com)가 있다. 이외에도 필요에 따라 다양한 B2B 사이트에 회사의 제품을 올려서 홍보할 수 있는데, 여기에는 인도시장에 특화된 인디아마트(www.indiamart.com), 유럽의 기업들이 많이 이용하는 콤파스(www.kompass.com) 등이 있다.

이메일로 제품을 소개하는 것도 좋지만 잘 아는 업체가 아닌 경우 홍보용 이메일이 스팸으로 취급될 수 있다는 점도 알아야 한다.

3. 무역사절단 사업

지방자치단체 등에서 관내 업체들을 대상으로 하는 지원사업 중 하나다. 무역사절단은 며칠간 여러 나라를 순방하는 것으로, 코트라 등에서 업체를 섭외해 미팅 날짜 및 장소까지 주선하는 사업이다. 엄선된 업체이므로 제품에 대한 몰입도가 높다는 장점이 있다. 이 사업은 주로 지방자치단체와 코트라가 협동해 진행한다.

4. 국내조달시장과 해외조달시장

국가나 지방자치단체는 필요 물자를 대량으로 구매하는데, 이때 필요 물자를 공급하는 시장을 '조달시장'이라고 한다. 국가나 지방자치단체의 구매 물품은 꾸준히 구매된다는 장점이 있다. 이러한 조달시장은 해외도 마찬가지인데, 다양한 나라에서 다양한 제품을 그 나라 안에서 구매하거나 수입을 통해서 조달하기도 한다. 이러한 조달시장에 제품을 공급하는 것만으로도 큰 홍보 효과가 있을 뿐만 아니라 꾸준한 제품 판매에도 유리하다. 해외조달시장 정보는 조달청(www.pps.go.kr) 등을 통해 확인할 수 있다.

5. 해외 에이전트

어떤 나라에 대한 정보를 가장 잘 아는 방법은 그 나라에 상주하는 것이다. 그럴 수 없다면 그 나라에 상주하는 것만큼의 효과를 볼 수 있는 해외 에이전트를 이용해보자.

에이전트는 내 제품을 해외에 공급하는 일종의 대리점으로, 해외 에이전트를 통해 제품판매 외에 통관 정보 및 다양한 제품과 시장의 정보를 얻을 수 있다.

수출지원기관의 도움을 받자

우리나라는 수출로 경제성장을 이룬 나라이므로, 수출이 늘어난다는 것은 우리나라가 경제적으로 더 성장할 수 있음을 의미한다. 정부에서는 수출기업들을 도와주기 위해 많은 지원사업을 진행하고 있다. 다음은 지원사업을 진행하는 기관들이다.

1. 코트라

해외에서 이루어지는 많은 프로젝트의 대부분이 코트라와의 협업이 있었기에 가능했던 만큼 해외 업무에 있어서는 가히 독보적인 정부산하기관이다.

해외 각 나라에 위치한 코트라 지사를 통해 얻은 각종 시장 정보와 경제·문화 등의 종합적인 정보들이 코트라 홈페이지에 정리되어 있다. 그러한 정보들만으로도 충분히 많은 마케팅 활동을 할 수 있으니 정보들을 잘 활용하도록 한다.

코트라를 통해 알아보는 각종 지원사업과 국가별 정보

① 코트라 홈페이지 오른쪽 상단에 있는 'kotra 패밀리'를 클릭한다.

② '무역투자정보'에서 '국가정보'를 클릭한다.

③ 국가 명단 중 자동차 왕국인 '독일'을 클릭한다.

④ 독일에 대한 경제·무역·투자 등의 정보 중 필요한 것을 클릭해 알아본다.

2. 지방자치단체

각 지방자치단체에서는 수출기업을 위한 각종 지원사업을 진행하고 있는데, 주로 기업지원과에서 진행한다. 자세한 사항은 지방자치단체에 전화로 문의하거나 홈페이지를 참조한다. 지원사업으로는 주로 전시회출품비 지원과 무역사절단 등이 있다.

3. 한국무역보험공사(www.ksure.or.kr)

정부에서 설립한 다양한 기관들은 수익보다는 지원에 초점이 맞춰져 있다. 그러다 보니 손실이 많이 나기도 하는데 대표적인 곳이 무역보험공사가 아닐까 한다. 무역보험공사의 경우 일반 보험회사들이 하지 않는 고위험 상황에 대해 보험상품을 개발하기도 하는데 주로 수출기업 지원을 위한 것이다.

4. 중소기업청(www.smba.go.kr)

중소기업은 아직 성장 가능성이 있고 도움이 많이 필요한 기업이다. 그러한 중소기업을 지원하기 위해서 설립된 기관이 중소기업청이다. 중소기업청에서 진행하는 각종 지원사업은 다른 기관의 지원사업에 비해서 규모와 액수가 크다는 장점이 있지만 그만큼 경쟁이 치열하다는 단점이 있다.

중소기업 지원사업은 중소기업청 홈페이지의 지원정책을 통해서 확인할 수 있다.

수출지원사업도 자격이 있어야 받을 수 있다

지원사업을 받으면 많은 도움이 되지만 그만큼 지원을 받기 위한 경쟁이 치열하다. 예산이 한정되어 있기 때문에 지원기관에서도 업체별로 점수를 매기고 이를 바탕으로 지원할 업체를 선정한다. 점수는 각종 인증을 가지고 있는지의 여부로 결정되는데, 다음은 점수에 유용한 인증을 나열한 것이다.

- **특허**: 특허는 출원과 등록으로 이루어지는데, 출원은 특허 신청을 말한다. 특허청(www.kipo.go.kr)에 의해 특허 결정이 나오면 등록이 되는데, 이는 평생 유지되는 것이 아니고 출원일로부터 20년간 유지된다.

- **메인비즈**: 경영혁신형 중소기업이라는 인증으로 신용보증기금의 심사를 통해서 인증받을 수 있다. 메인비즈 인증에 대한 사항은 한국경영혁신중소기업협회(www.mainbiz.co.kr)에 문의한다.

- **이노비즈**: 기술혁신형 중소기업이라는 인증으로 이노비즈 홈페이지(www.innobiz.net)에서 각종 회사 정보를 입력한 후 기술보증기금의 심사를 통해 인증받을 수 있다. 특허 및 연구소 등이 있으면 유리하다.

- **연구소 설립 혹은 연구개발 전담부서**: 기술개발에 대한 의지는 연구소나 연구개발 전담부서의 유무로 판단하기도 한다. 연구소 설립에 대한 내용은 한국산업기술진흥협회(www.koita.or.kr)에

문의한다.

- ISO: ISO는 International Standard Organization의 약자로 일정한 기준에 맞춰서 문서와 절차를 통일하는 것을 말한다. ISO의 대표적인 국제규격으로 9001과 14001이 있다. 9001은 품질경영시스템에 관한 국제규격이고, 14001은 환경경영체제에 대한 국제규격이다. 한때 ISO 인증을 받는 것이 열풍이기도 했지만 지금은 그 인기가 많이 식었다. 그럼에도 여전히 지원사업의 점수에 ISO가 포함되기도 한다.
- **공장등록증**: 공장과 같은 생산 시스템이 있으면 좋은 점수를 받는다.

가짜 바이어는
이런 부류다

무역 업무에 인터넷은 필수적이다. 24시간 열려 있어서 시차가 다르더라도 저녁에 이메일을 보내면 다음 날 아침에는 답신을 받을 수 있다. 하지만 자신에게 열려 있다는 것은 남에게도 열려 있다는 뜻이다. 소위 스팸이나 피싱 등은 시간을 가릴 것 없이 인터넷이 개통된 곳이라면 어디서든 마주칠 수 있으니 조심하도록 하자.

해외영업은 실적이 중요하기 때문에 늘 구매나 구매의사에 대해 촉각을 곤두세우는데, 그런 점을 노려서 교묘하게 메일을 보내는 사람들이 많다. 스팸메일을 각별히 주의하자.

☆ **FW: Purchase order and payment** 🔗
⊞ 보낸사람 : ☆ David<david.chen828@gmail.com> 주소록에 추가 | 수신차단하기

📎 **일반 첨부파일** 1개(108KB) 모두 저장
📥 🅽 Purchase Order 239495Pishion PDF.7z 108KB

Dear Sirs,

Attached is the S/I of subject order, pls advise the address and contact person so that our forwarder could pick up the goods.

30% Payment will be arranged ASAP.

Any question, pls feel free to let me know.Thanks!

Best regards,
David Chen

Pishion International Co., Ltd.

3F., No.15-2, Beihuan Rd., Tanzi Dist, Taichung City 42760, Taiwan (R.O.C.)
Tel: +886-4-35003998
Fax: +886-4-25316199

- 사례 1: S/I는 Shipping Instruction의 약자로 선적지시서를 말한다. 즉 화물을 어떻게 실어야 하는지 적어놓은 문서다. 예시 메일을 살펴보면 처음 보는 업체가 생뚱맞게 주소와 이름을 알려 달라면서 물건을 싣겠다는 내용이다. 30%는 곧 결제될 것이라고 하면서 말이다. 발주도 안 했는데 선적지시서가 먼저 오는 경우는 없다. 이런 메일들은 가볍게 수신을 차단한다.

@ 일반 첨부파일 1개(189KB) 모두 저장   🔒 파일 저장 시 바이러스 검사 자동 수행

⬆ Ⓝ PO.zip 189KB

-----Original Message-----
From: "Heidi Pan"<siva@pipavavrailway.com>
To: "Recipients"<siva@pipavavrailway.com>;
Cc:
Sent: 2015-08-19 (수) 14:31:54
Subject: Purchase Order/Quotation

This is Heidi Pan from Australia, works with GDT Trading Ltd. and we would like to make an Order/Quotation from your company, please kindly download the file attached to this mail to see our Order/Quotation and get back to us with your best prize.

Best Regards,
Heidi Pan.

- 사례 2: 발주를 하겠다고 하면서 첨부한 파일을 다운로드받으라고 한다. 보통 발주는 pdf 파일이나 엑셀 파일로 하는데, 첨부 파일이 PO.zip 등으로 되어 있다면 악성코드가 깔릴지도 모르니 절대 다운로드해서는 안 된다.

@ 일반 첨부파일 1개(289KB) 모두 저장   🔒 파일 저장 시 바이러스 검사 자동 수행   접기

⬆ Ⓝ COPY_DOC_150513-pdf.zip 289KB

-----Original Message-----
From: "Sales"<frank-chima@outlook.com>
To: <>;
Cc:
Sent: 2015-05-14 (목) 09:19:22
Subject: Fw:payment invoice

Dear sir,

As we discussed, this invoice does not bear your company's bank details, should we remit to the account in the invoice?. Kindly check the revised invoice and confirm if this invoice was altered by you. Please your urgent reply will be well appreciated as we wish to make payment today.

Waiting your quick response.

Thanks

Ruben,

Solis Facilities Management
AW Rostamani Building
Al Ittihad Road
PO Box 11242
Dubai, UAE

- 사례 3: 지불서류payment invoice라는 제목으로 메일이 왔다. 숫자 하나 잘못 눌러도 결제가 엉뚱한 곳으로 갈 수 있는 곳이 무역 업계다. 결제는 늘 중요하고 신경 쓰이는 부분인데, 전혀 모르는 곳에서 송금하려고 하니 계좌가 맞는지 첨부 파일을 확인해 달라는 내용이다. 역시나 zip으로 된 파일 형식이다. 이것 또한 삭제하도록 한다.

인터넷으로 속는 경우도 있지만, 필자가 들은 사례 중에는 해외까지 가서 사기를 당한 사례도 있다. 해외의 어느 정부기관에서 엄청난 규모의 발주를 하겠다는 말에 혹해서 그 나라를 직접 방문해 담당자라는 사람에게 술도 사고 밥도 샀지만 결국 돌아온 대답은 "곧 할 예정이다."라는 말뿐이었다. 자칭 고위층의 관계인이라고 했지만 진짜인지 아닌지는 알 길이 없는 것이다.

무역은 과감하게 진행하는 것도 필요하다. 하지만 평소에는 돌다리를 두드리는 심정으로 확인하고 또 확인하는 습관을 들여야 큰 손해를 입지 않는다.

좋은 제품, 제대로 된 제품은 언제나 먼 나라 이야기처럼 들리지만 그러한 상황도 언제나 실현되는 것이 무역업계다. 수입소싱을 통해 좋은 제품을 제대로 한번 취급해보자.

수입소싱으로 히트 상품 만드는
비밀 노하우

좋은 제품 반, 나쁜 제품 반인
수입소싱 방법

무역인들 중에는 좋은 제품이 없다면서 제품 타령만 하는 사람들이 종종 있다. 사실 좋은 제품은 이미 다른 사람들이 선점하고 있어 할 만한 것이 없는 게 현실이다. 사람들이 생각하는 좋은 제품이란 잘 팔리고 인기 있는 제품이지만, 실제로 잘 팔리는 제품을 보면 왜 이 제품이 이렇게 인기가 있는지 의문이 드는 제품도 많다.

그리고 우리나라에서는 저렴한 미용실이나 화장품 브랜드가 다른 나라에서는 고가의 이미지로 영업을 하기도 한다. 반대로 해외에서는 저가인 브랜드가 우리나라에서는 고급 브랜드로 인기 있는 것을 보면 잘 팔리고 인기 있는 것에는 결과적인 부분도 많이 있음을 알 수 있다. 즉 마케팅에 따라 얼마든지 제품을 좋게 팔 수 있다는 것이다. 물론 누가 봐도 좋은 제품이 있지만 지금처럼 해외와의 교류가 활발한 시대에 남들과 비슷한 눈으로 찾은 제품에는 한계가 있다. 늘 새로운 시선으로 제품을 찾고, 다른 방법으로 영업을 해야 큰 효과를 볼 수 있다.

해외제품을 찾아보자, 수입소싱

과거 필자가 해외 전시회를 가면 늘상 볼 수 있는 풍경 중 하나가 엄청나게 큰 여행용 가방에 팜플렛이나 샘플, 명함 등을 휩쓸어 담는 사람들의 모습이었다. 그렇게 가져간 많은 전리품 하나하나를 확인하고 분석해서 제조자들과 접촉해 한국의 대리점이 되고 싶다고 제안을 하는 것이다. 이것이 인터넷이 활성화되기 전 사람들이 황금알을 꿈꾸며 좋은 제품을 찾았던 풍경이다.

무역에서 소싱Sourcing이라는 것은 우리나라에 팔 만한 해외의 좋은 제품을 찾아낸다는 뜻으로, 좋은 물건을 찾아서 수입하는 것을 '수입소싱'이라고 한다. 소싱을 하기 위해서는 제품을 잘 찾아봐야 하는데, 무역 초보자들이 정보를 쉽게 얻을 수 있는 방법은 전시회에 참관하는 것이다.

소싱의 정석, 전시회를 가다

전시회는 제품 판매의 경연장이다. 그래서 사람들은 자신의 제품이 최고로 보이길 바라며 마케팅에 열중하고, 최고 기술의 제품을 선보여 차별화를 이루고 싶어하며, 전에 출품했던 제품과는 다른 제품을 보여주고 싶어한다. 이 말은 그래도 전시회에 가면 아직까지는 남이 선점하지 않은 제품들을 찾을 수 있다는 의미다.

전시회 정보는 코트라 패밀리 사이트인 글로벌 윈도우 홈페이지(www.globalwindow.org)나 글로벌 전시포털 홈페이지(www.gep.or.kr)에서 확인할 수 있다. 참고로 유망한 전시회의 경우 여행사 등에서 참관단을 모집하기도 하니 참고하기 바란다.

내 제품을 팔아주는 에이전트가 좋은 제품을 소싱해준다

인터넷이 아무리 발달하고 정보가 잘 공유된다 해도 현지에서 수집하는 시장 정보나 제품 정보만큼 빠르고 정확하기는 힘들다. 그래서 현지를 직접 방문하는 것이고 그곳에 지사를 두는 것이다. 지사를 둘 수 없다면 그런 효과를 낼 수 있는 것이 현재 내 제품을 팔아주는 에이전트다. 에이전트는 우리말로 대리점이라고 할 수 있는데, 대리점에게 한국에서 팔 만한 제품을 찾아달라고 하거나, 반대로 에이전트의 나라에서 팔 만한 제품을 우리가 소개해줄 수 있다. 믿을 만한 에이전트나 해외 거래처를 만나서 서로 좋은 관계를 유지하는 것이 무역에서는 무엇보다 중요하다.

B2B 사이트와 검색도구

B2B 사이트는 기업에서 살 만한 물건들을 올리는 사이트로 인터넷 쇼핑몰의 기업판이라고 할 수 있다. 대표적으로는 중국의 알리바바 등이 있는데, 이 사이트를 통해서 제품시세, 즉 시장에서 판매되는 제품 가격과 동향을 알아보는 것도 유용하다.

해외 공장을 내 회사처럼, OEM과 ODM

소싱이라고 하면 좋은 제품을 발굴하는 것으로 여기기 쉽다. 하지만 자신이 원하는 정도의 품질을 가진 제품을 찾기란 쉽지 않다. 경우에 따라서는 자신이 직접 만들어서 팔고 싶은 마음이 들기도 하는데, 단가나 기술이 부합되지 않아 막상 진행을 하기는 어렵다. 이때 해외의 저렴하고 기술력 있는 업체와 접촉하는 것도 좋은 방법이다. 즉 처음에는 괜찮은 제품을 사다 쓰다가 좀 더 규모가 커지면 자신의 공장 없이 해외 공장의 기술을 이용해 제품을 만드는 것이다. 오늘날 소싱의 범위는 제품을 넘어 해외의 좋은 기술력을 가진 업체나 공장을 짓기 좋은 나라, 물류가 좋은 나라 등으로 커지고 있으니 잘 활용해보도록 하자.

제품을 남이 생산해주는 OEM, 제품을 설계·개발해주는 ODM

OEM은 Original Equipment Manufacturing의 약자로 우리말로는 주문자 상표 부착방식이라고 한다. 즉 누군가 제품을 만들어 달라고 해서 제품을 생산했는데, 제작자의 상표는 발주 업체의 것을 붙인다는 의미다. 이것이 스마트폰으로 유명한 애플이 스마트폰을 생산하는 방식이며, 실제 스마트폰은 대만회사인 폭스콘에서 만든다는 것은 이미 잘 알려진 사실이다.

우리나라에도 폭스콘처럼 OEM 생산을 하는 수많은 업체가 있다. 예를 들면 명품시계로 유명한 외국회사의 시곗줄을 우리나라 회사가 생산하고 있다고 한다.

ODM은 Original Development Manufacturing 또는 Original Design Manufacturing의 약자로 단순히 발주에 의한 생산인 OEM을 넘어서서 개발 또는 디자인까지 업체에서 해주는 것을 말한다.

OEM이나 ODM은 전시회나 해외 에이전트를 통해서 검색할 수 있고, 코트라와 같은 해외조사기관을 통해 진행할 수도 있다.

『10일 만에 끝내는 무역실무』
저자와의 인터뷰

Q. 『10일 만에 끝내는 무역실무』를 소개해주시고, 이 책을 통해 독자들에게 전하고 싶은 메시지는 무엇인지 말씀해주세요.

A. 실제로 무역 현장을 보면 무역을 전공한 실무자만큼 비전공자도 많다는 것을 알 수 있습니다. 그리고 제가 처음 실무를 시작할 때도 무역 자체에 대한 공부보다는 제가 수출하거나 수입해야 할 제품 공부가 더 절실했던 기억이 납니다. 물론 공부가 전혀 필요 없는 건 아니지만 무역은 절차적인 과정, 즉 이때는 이것을 하고 저때는 저것을 한다는 것만 알면 되기에 처음에 제일 중요한 것은 무역의 진행 과정을 잘 파악하는 것입니다. 이 책은 그런 부분에 신경을 많이 썼습니다.

Q. 무역이라고 하면 어렵고, 힘들고, 왠지 너무 먼 이야기처럼 인식되어 있는데요. 무역이란 무엇인지 자세한 설명 부탁드립니다.

A. 아마도 해보지 않은 일이라, 어색함 때문에 무역이 먼 나라 이야기처럼 느껴질 수도 있을 것 같습니다. 그리고 뭘 어떻게 해야 할지 모르는 막연함이 가장 어려운 점이 아닐까 합니다. 무역은 제품이 수출되어서 수입되는 과정으로 수출은 판매, 수입은 구매라고 할 수 있습니다.

판매라는 것은 무언가를 파는 것으로 결제와 제품 운송방법을 알아야 돈을 잘 받고 제품을 잘 보낼 수 있습니다. 수출도 이와 다르지 않아서 제품을 보내는 방법과 돈을 받는 방법만 알면 무난하게 수출 업무를 할 수 있습니다. 수입은 구매라 할 수 있는데, 이 역시 물건을 잘 받는 방법과 결제하는 방식만 알면 웬만한 무역실무는 어렵지 않게 할 수 있습니다.

Q. "무역을 하는 사람들에게 가장 어려운 것은 무역 그 자체가 아니라 무역 용어일 것이다."라고 말씀하셨는데요. 자세한 설명 부탁드립니다.

A. 합리적인 사고와 의문을 가지고 수출입 프로세스, 즉 제품이 수출되어서 수입되는 과정만 알면 무역은 어렵지 않게 할 수 있습니다. 문제는 용어인데요. 무역은 끊임없이 묻고 확인하고 조정하는 과정이고 이러한 소통의 과정중에 무역이 진행됩니다. 하지만 무역 용어들 중에는 영어, 일본식 영어 표현, 직역

된 일본어가 많다 보니 이해가 어렵습니다. 또한 B/L, L/C 등의 약어도 무역을 어렵게 하는 요인 중 하나입니다. 무역을 해보지 않은 사람에게는 생소한 말이기에 많이들 어려워합니다.

Q. 무역 용어를 쉽고 빠르게 익힐 수 있는 방법이 있다면 소개해주세요.

A. 무역 용어는 앞서 이야기한 무역의 경우와 마찬가지로 합리적인 사고와 의문을 가지고 제품이 수출되어서 수입되는 과정을 잘 이해하면 충분히 쉽게 익힐 수 있습니다.

예를 들어 우리는 택배로 몇 만 원짜리 물건을 보낼 때도 반드시 송장이라는 것을 받아둡니다. 하물며 무역은 수백 만 원 수천 만 원 혹은 수억 하는 제품을 배나 비행기에 싣는 일이니 운송회사로부터 무슨 서류 같은 것을 받아놔야 하지 않나와 같은 의문을 가진다면 무역 용어를 외우기가 한층 수월해집니다. 배에 제품이 선적되면 운송사에서는 B/L이라는 운송장을 발행해서 수출자에게 전달합니다. B/L은 Bill of Lading의 약자로, 여기서 Lading은 '선적되다'라는 뜻이고 Bill은 '증명서'를 의미합니다. 즉 화물이 배에 선적되었음을 증명하는 서류가 B/L이고 B/L은 보통 화물이 선적된 배가 출항하면 발행됩니다. 이와 같이 수출입 프로세스와 합리적인 의문만 꾸준히 유지하면 어느새 어려운 무역 용어를 자유자재로 구사할 수 있게 될 것입니다.

Q. 무역에서 실무자들이 가장 어렵고 중요하게 생각하는 것은 무엇인가요?

A. 무역을 하다 보면 실제로 실무자가 하는 일은 묻고 확인하는 과정의 연속입니다. 즉 수출의 경우라면 언제 화물을 배에 선적할 수 있는지 확인하고, 운송비는 어떻게 되는지 묻는 등의 과정이 참으로 중요합니다. 자칫 실수라도 하면 큰 손해를 입기도 하기에 늘 촉각을 곤두세워야 합니다. 책으로 공부하는 경우에는 딱히 물어볼 곳이 없어도 실무 때는 여러 거래처에 물어보면 되므로 딱히 어렵다고 할 만한 것은 많지 않습니다.

Q. 무역의 과정에서 '무역의 꽃'이라고 할 수 있는 업무에는 어떤 것이 있을까요?

A. 무역에서 수출의 꽃은 돈을 잘 받는 것이고 수입의 꽃은 좋은 제품을 저렴한 가격에 받는 것이라 할 수 있습니다. 수출을 하다 보면 드물게 결제를 받지 못하는 경우가 있는데, 결제를 제대로 잘 받는 것 또한 능력의 척도가 되기도 합니다.

Q. 무역을 하다 보면 무역 관련 분쟁이 발생할 때도 있습니다. 이럴 땐 어떻게 해야 하나요?

A. 개인 간의 사소한 말다툼에서 단체 혹은 나라 간의 분쟁 또는 전쟁까지, 어느 나라 어느 시대에나 다툼은 있었습니다. 이러한 다툼을 당사자들이 내키는 대로 처리했다면 아마 인류는

존재하기 힘들었을 겁니다. 그럼에도 지금까지 인류가 존재할 수 있었던 이유는 갈등이 생겼을 때 무력을 사용하기보다는 대화와 타협을 통해 서로가 Win-Win원원하는 방법을 찾았기 때문이 아닐까 합니다.

무역을 하다 보면 서로의 입장차 때문에 얼굴 붉히는 일이 종종 발생하기도 하고 제품이나 결제 등의 문제로 언성을 높이기도 합니다. 심한 경우에는 소송을 통해서 완전히 등을 돌리는 경우도 있습니다. 이는 서로를 적으로 돌리게 되는 것으로 최악의 경우입니다. 언제든지 다툼은 발생할 수 있지만, 이를 원만히 해결하기 위해서는 평소에 많은 대화와 신뢰 구축을 통해 거래처와 믿음을 유지하는 것이 좋습니다.

Q. 무역을 하다 보면 바이어들을 접하게 되는데요, 좋은 바이어와 가짜 바이어를 구분할 수 있는 방법이 있다면 말씀해주세요.

A. 좋은 바이어라면 일차적으로 결제를 잘 해주는 업체라고 할 수 있습니다. 가짜 바이어는 사지도 않을 거면서 바람만 넣는 바이어거나 아예 사기꾼을 말합니다. 이러한 업체를 잘 판단하기 위해서는 지금 사려고 하는 제품에 대해 얼마나 잘 파악하고 있는지 대화를 통해서 판단해야 합니다. 경우에 따라서는 해당 업체를 방문하거나 신용조사업체를 통해서 신용조사를 해보는 것도 한 방법입니다.

Q. 후배 무역인들을 위해 이 책을 쓰셨다고 했습니다. 후배 무역인들에게 해주고 싶은 이야기가 있다면 말씀해주세요.

A. 처음은 누구에게나 어색하고 난감합니다. 그러한 상황에 과감하게 부딪히며 노력하는 여러분에게 우선 큰 박수를 보냅니다. 여러분이 무역을 할 때 이 책이 지침서가 되어 실무에 조금이나마 도움이 된다면 나름 고심해서 글을 쓴 작가로서 굉장히 기쁠 것 같습니다. 오늘날 경제가 어려워 청년·장년 가릴 것 없이 일자리 문제, 실업 문제 등이 사회적으로 큰 이슈가 되고 있습니다. 아무쪼록 무역이라는 세계를 무대로 더 많은 사람들이 일자리를 찾아서 꿈을 실현할 수 있었으면 합니다.

스마트폰에서 이 QR코드를 읽으시면
저자 인터뷰 동영상을 보실 수 있습니다.

독자 여러분의
소중한 원고를 기다립니다

★ 메이트북스는 독자 여러분의 소중한 원고를 기다리고 있습니다. 집필을 끝냈거나 혹은 집필중인 원고가 있으신 분은 khg0109@hanmail.net으로 원고의 간단한 기획의도와 개요, 연락처 등과 함께 보내주시면 최대한 빨리 검토한 후에 연락드리겠습니다. 머뭇거리지 마시고 언제라도 메이트북스의 문을 두드리시면 반갑게 맞이하겠습니다.